AGONIE

DE LA

RÉVOLUTION

Paris — Imprimerie Bonaventure et Ducessois, 55, quai des Gr.-Augustins.

DIEU ET FRANCE.

AGONIE
DE LA
RÉVOLUTION

PAR

M. P. CHRISTIAN
Ancien secrétaire particulier
DU MARÉCHAL DE FRANCE, DUC D'ISLY,
GOUVERNEUR-GÉNÉRAL DE L'ALGÉRIE.

PARIS
CHEZ L'ÉDITEUR, RUE DU BATTOIR-SAINT-ANDRÉ, 24.
1850

LA RÉPUBLIQUE

EST-ELLE

LE VOEU DE LA FRANCE?

Les hommes qui se levèrent, en 1789, au milieu d'une civilisation croissant depuis quatorze siècles, et qui, au lieu de travailler à perfectionner le grand édifice de la monarchie française d'après le développement et les besoins nouveaux de l'esprit humain, tentèrent de renverser cette civilisation, pour refaire le monde à l'image de leurs rêves, méconnurent à la fois les devoirs du présent, les droits du passé et ceux de l'avenir.

Ces hommes qui s'arrogeaient, avec un ineffable orgueil, le titre pompeux de législateurs constituants, furent coupables envers les tombeaux de leurs pères, comme envers les berceaux de leurs enfants. Usufruitiers de la France, ils agirent comme s'ils en étaient propriétaires. La féodalité qu'ils prétendaient détruire ne faisait que changer de nom : seulement elle tombait du haut en bas de la société.

Dans leur personnalité ambitieuse et exclusive, ces hommes ne tinrent compte ni des sueurs ni du sang versé par les générations antérieures, et préférant leur raison superbe à la raison traditionnelle de la France, ils déchirèrent le testament du passé en livrant l'avenir aux orages qui grondent encore sur nos têtes.

Ils furent coupables envers la patrie, car la patrie n'est pas seulement ce point fugitif qu'on appelle une génération, c'est l'ensemble des générations réunies par ces grands liens de la nationalité qui traversent le temps comme l'espace.

Nous avons pour ancêtres ces races courageuses et tant de fois illustrées, qui défendirent le principe de l'unité monarchique en même temps que le principe de l'indépendance nationale, sous les règnes si tourmentés de Charles V, Charles VI, Charles VII, et sous celui de Henri IV.

Nous sommes les descendants des guerriers qui moururent pour conquérir à la France ses frontières naturelles, pendant les belles années de Louis XIV.

Nous avons gardé et transmis, à travers les âges, le sang généreux de ces Croisés qui rendirent le nom des Francs célèbre jusqu'aux confins de l'Orient.

Toutes nos grandeurs, toutes nos gloires, les brillantes conquêtes qui ont formé notre sol national, les immenses travaux qui l'ont défriché, fécondé, enrichi ; les splendeurs des arts, les merveilles de la pensée ; tout ce qui nous signale à l'admiration des deux mondes, tout ce qui nous assure le premier rang dans l'histoire, est le fruit magnifique d'une monarchie de quatorze siècles, dont chaque règne nous a doté d'un progrès nouveau.

Qu'avons-nous fait de cet héritage depuis soixante années ?

A l'aurore de l'ancienne république, un célèbre homme d'État d'Angleterre, Edmond Burke, éclairé par une intuition spontanée de l'enchaînement lointain des faits, découvrait déjà dans les témérités des révolutionnaires français le règne de la Terreur et de Robespierre, l'avénement du despotisme impérial, et, tout au fond de l'avenir, ce culte de l'or sous lequel nous sommes courbés aujourd'hui, plus d'un demi-siècle après la tragédie des temps démagogiques. « Réglez l'ordre social, écrivait Burke, corrigez les abus; mais songez, en même temps, que ce prétendu retour à une prétendue loi naturelle, dont vous bercez des niais ou des dupes, n'est que le retour au règne de la force et de la plus brutale tyrannie. Vous abjurez le passé ? Insensés que vous êtes, il reste dans le présent, il y reste malgré vous, car les choses d'aujourd'hui n'existent que comme le résultat des choses d'hier. Et par quoi les remplacez-vous ? Par le néant et la chimère de votre déclaration des droits de l'homme. Vous voulez recommencer votre existence de nation, et vous déchirez le cœur de votre pays en prétendant le guérir. Le premier remède du corps politique, c'est la justice; le second, c'est la patience. Dans le vif sentiment de vos souffrances, vous marchez à la régénération par la violence; c'est marcher à la mort. A travers des flots de sang, vous vous dirigez vers une loi agraire que vous ne pourrez pas accomplir. Lorsque vous vous serez épuisés et décimés, vous tomberez de lassitude entre les mains du premier ambitieux qui aura la force. La force, c'est le seul dieu dont vous préparez l'avénement : la force du glaive d'abord, et celle de l'or ensuite. »

Il y avait, en 1789, de grandes et utiles réformes à opérer. Les vices de la vieillesse de Louis XV, avaient altéré le sens moral de la société. Le défaut d'initiative et l'absence d'une volonté résolue, de la part de Louis XVI, ouvrirent malheureusement les voies de la révolution.

La France de 1789 avait résumé dans ses cahiers les principes universellement avoués par la nation. Ce précieux monument de la raison publique forme un recueil de soixante-six volumes in-folio, où se trouvent consignés, avec une profonde connaissance des choses, tous les besoins de la société. Si les États-généraux s'étaient bornés à l'accomplissement de leur mandat, on aurait obtenu ce que nous avons acquis par la révolution, moins les crimes des révolutionnaires. Le Tiers-État, comme la noblesse et le Clergé, était tenu, par ces cahiers, de proclamer, au nombre de onze, les garanties fondamen tales de la liberté publique et du parfait accord entre la Nation et le Pouvoir :

1° Le gouvernement français est un gouvernement monarchique.

2° La personne du roi est inviolable et sacrée.

3° La couronne est héréditaire de mâle en mâle.

4° Le roi est dépositaire du pouvoir exécutif.

5° Les agents de l'autorité sont responsables.

6° La sanction royale est nécessaire pour la promulgation des lois.

7° La nation fait la loi, avec la sanction royale.

8° Le consentement national est nécessaire à l'emprunt et à l'impôt.

9° L'impôt ne peut être accordé que d'une tenue d'États-généraux à l'autre.

10° La propriété sera sacrée.

11° La liberté individuelle sera sacrée.

Certes un peuple qui, par la voix de six millions d'électeurs, investissait ses représentants du devoir de formuler ainsi ses principes et ses vœux, ne croyait pas être à la veille du plus effroyable cataclysme des temps modernes. On était loin de supposer que douze cents individus allaient substituer leur volonté omnipotente et usurpatrice au formulaire libre de la France, et à la majesté du représentant permanent et héréditaire des traditions nationales.

Mais les États-généraux étaient pleins de réformateurs sans vertus, et autour d'eux grouillait une plèbe ignorante et flétrie.

Envoyés pour proclamer les principes avoués par

la France entière, les députés du Tiers-État et d'une partie de la Noblesse et du Clergé mirent à la place du droit national l'arbitraire de leurs idées; foulant aux pieds le principe monarchique, base traditionnelle des grandeurs de l'État, ils détruisirent l'ordre social par l'envahissement systématique de sa représentation séculaire; ils désorganisèrent la force publique pour la remplacer par la violence de l'émeute, et jetèrent la société en pâture à l'avidité des factions.

D'un côté, des aventuriers d'utopies se jetaient dans la révolution pour l'exploiter au profit de leurs convoitises. De l'autre, la populace, appelée à une souveraineté dérisoire, offrait ses bras aux démolisseurs en échange de la curée qui lui était promise. La force insurrectionnelle, légalisée par la Constituante, remplaça tout-à coup la force régulière, insuffisante à protéger la société surprise. Le pouvoir, désarmé au nom de l'égalité anarchique, fut désormais à quiconque parvenait à s'emparer du levier de la peur; le Gouvernement, tombé dans la boue des clubs, et coiffé du bonnet des forçats, devint le valet de la plus vile multitude; les bouges de Paris eurent leurs courtisans, parodie avinée des splendeurs de Versailles. L'émigration, faute et malheur tout ensemble, livrait la partie honnête du peuple à toutes les fausses terreurs semées par les intrigants de la révolution. Peu à peu, les esprits égarés s'abandonnèrent à tout le délire des passions destructives, et ce délire fut atroce. C'est ainsi que, de journée en journée, la foule démoralisée descendit jusque dans les bas-fonds de cette dictature du meurtre, dont les souvenirs nous bouleversent encore : dictature de la rue, qui couvrait du titre de *civisme* des crimes ignorés des temps barbares, et qui se personnifie dans le type de Robespierre.

Tels furent les sanglants auspices sous lesquels la République fut imposée à la France. Conductrice imprudente de la locomotive révolutionnaire, l'Assemblée nationale ne la renversa point, mais elle la poussa hors des rails, et la fit courir à toute vapeur sur la pente des abîmes.

La Révolution avait prétendu inaugurer trois principes, liberté, égalité, fraternité, sous le triumvirat de Robespierre, de Couthon et de Saint-Just. La liberté, c'était celle du pillage ; l'égalité, celle du vice ; la fraternité, celle de l'échafaud. Lorsque le trône, l'église et la noblesse n'eurent plus de victimes à livrer aux bouchers populaires, l'aristocratie se formula, aux yeux de la foule rugissante, dans le commerce, dans la propriété, dans le plus humble négoce. Cette génération de cannibales demanda hautement une Chambre ardente de la propriété. Une armée révolutionnaire de six mille hommes et de douze cents canonniers, composée de tous les truands des faubourgs de Paris, faisait fonctionner la JUSTICE du *peuple souverain* représenté par la Convention. Des bannissements en masse, la déportation sans jugement, le ravage et l'infamie portés dans l'asile des citoyens ; cinq cent quarante-trois mille accusateurs révolutionnaires, soldés à raison de trois francs par jour; la loi des suspects pourvoyant l'échafaud par les soins de cinquante mille comités : telles furent les œuvres, tels sont les souvenirs de la République française. Tout ce qu'il y avait d'hommes tarés, de fainéants et de malfaiteurs remplissait, aux frais de l'État, ces comités d'assassins. Ce n'étaient plus les ci-devant nobles, c'étaient les propriétaires, les marchands, les écrivains, les poëtes, qui servaient de pâture à ces niveleurs en carmagnole et en sabots. La guerre du pauvre contre le riche, de l'ignorant contre le savant était prêchée partout, comme autrefois la croisade; et la guillotine semblait devenue la seule Constitution de la France.

Ce régime avait pris sa source dans une note de Robespierre, possédée par M. de Lamartine, et ainsi conçue :

« Les dangers intérieurs de la République viennent aujourd'hui des bourgeois.

« Pour triompher des bourgeois, il faut que le peuple s'allie à la Convention, et que la Convention *se serve* du peuple.

« Quel est le but?

« L'exécution de la Constitution en faveur du peuple.

« Quels sont nos ennemis?

« Les riches.

« Que faut-il faire?

« Éclairer le peuple.

« Quels sont les obstacles à l'instruction du peuple?

« Les écrivains.

« Il faut donc proscrire les écrivains comme les plus dangereux ennemis de la patrie.

« Quand le peuple sera-t-il éclairé?

« Quand l'intérêt des riches sera confondu avec celui du peuple.

« Quand cela arrivera-t-il?

« JAMAIS! »

De ce dernier mot, de cette effroyable conclusion découle toute la logique de la Terreur, et, si le 9 thermidor n'eût renversé Robespierre, il est évident que la Terreur, loin de toucher à son terme, eût pris, de jour en jour, des proportions plus illimitées.

Les républicains de toute nuance n'avaient des convictions ni profondes ni sincères : ils servaient et exploitaient les circonstances. Il y avait dans la révolution un courant destructeur, composé des prétentions, des colères, des défiances, des haines, des jalousies, des rancunes que les souffrances créées par le chaos social et par les excitations continuelles des clubs, de la tribune et de la presse démagogique, rendaient chaque jour plus désastreux. Ceux qui paraissaient dominer la fougue du torrent n'avaient d'autre but que de maintenir leur barque à sa surface. Quand une fraction quelconque du parti niveleur accrochait le pouvoir, elle profitait du flot qui l'avait poussée vers ces hauteurs mobiles,

Quand elle redescendait sous la pression d'un courant contraire, elle reprenait place dans la foule, en quête nouvelle de rivages inconnus. En résumé, soit que la puissance momentanée fût aux mains de la Gironde ou de la Montagne, ces deux partis n'avaient qu'une tendance : gouverner et jouir des bénéfices du pouvoir. Ils étaient les bas adulateurs de l'opinion qui leur livrait un lambeau d'autorité précaire, ou qui pouvait les y ramener après leur chute. La grande affaire, pour les uns et les autres, c'était d'être, c'était de vivre aux dépens de la nation, sans avoir souci d'autre chose que leurs cupides intérêts. Leur républicanisme n'était que l'hypocrisie de l'ambition. Et cependant, la nécessité d'un grand pouvoir renaissait constamment des excès même de la dictature. Ce pouvoir, après s'être appelé Marat, Danton ou Robespierre, tendait à sortir de l'ornière sanglante creusée par ces terroristes. Les plus exaltés démagogues le sentaient si bien, que Vergniaud et Danton ne croyaient pas même à l'avenir de leur œuvre. « Ce peuple, disait le premier, reviendra à ses rois. Nous nous sommes crus à Rome, et nous étions à Paris. » — « La France, disait Danton, n'aime pas la République; elle a les habitudes, les besoins de la monarchie : elle y sera ramenée par ses nécessités. » Et en effet, à l'heure où nous écrivons ces lignes, n'est-ce pas encore le fantôme rouge de l'ancienne République qui grave sur le front de la République de 1848 le chiffre de 93? N'est-ce pas ce souvenir, doublé des massacres de juin 1848, qui fait reculer la société tout entière devant la menace d'une seconde Terreur?

Cinquante-quatre ans se sont écoulés depuis le meurtre de l'infortuné Louis XVI. En 1793, les plus audacieuses maximes de la démagogie semblaient parvenues, le supplice aidant, à l'apogée de leur triomphe. Ce n'était point assez, pour les égorgeurs du 2 septembre, d'avoir décapité la monarchie. Ils en avaient interdit et proscrit le souvenir, avec une telle rage, que prononcer seulement son nom suffisait pour devenir suspect; et l'on sait qu'en ces temps de LIBERTÉ, d'ÉGALITÉ et de FRATERNITÉ, les prisons pleines de suspects étaient les antichambres de la mort. Au premier rang des hideuses saturnales que les meneurs de ces jours sanglants qualifiaient du titre de fêtes nationales, figurait la date du 21 janvier. Qui donc, alors, eût osé prévoir, en face de si terribles catastrophes, que les deux frères d'un roi massacré par la République remonteraient, quelques années plus tard, sur le trône de Saint-Louis, et qu'en 1830, après une révolution nouvelle, le fils d'un régicide serait encore salué par les démolisseurs du pouvoir, comme l'héritier d'une couronne deux fois sacrée par le malheur?

Cependant, il faut le reconnaître, ces faits, si étranges et si inexplicables qu'ils nous paraissent au premier coup d'œil, ont leur raison d'être dans les profondeurs du sentiment français. Ils proclament victorieusement que l'esprit monarchique anime, en dépit de tous les paradoxes, l'immense majorité du pays, et que l'unité et la perpétuité du pouvoir ne sont pas moins que la liberté constitutionnelle l'élément vital et conservateur du progrès.

Voyez comme ces faits se déroulent, comme ils s'enchaînent, comme ils s'imposent, en quelque sorte, après les tâtonnements, les vicissitudes et les tempêtes qui signalent l'impuissance du parti républicain.

Après le meurtre du roi, la Convention est frappée de vertige. Dans son sein, l'énergie la plus haute n'est que le fruit de la peur. L'ensemble de cette assemblée souveraine s'enveloppe d'un certain prestige; on y trouve, en le décomposant, d'ignobles ambitieux mêlés à des patriotes ardents, mais sans lumières. Tandis que de niais ou perfides utopistes prêchaient que les lois sociales ne sont qu'un despotisme, la dictature conventionnelle, un bandeau sur les yeux, courbait la nation tout entière sous la hache de ses licteurs. On eût dit que toute la France avait abdiqué son âme pour trembler et pour obéir. Après avoir épuisé la terreur contre ses adversaires, la Convention ne put, elle-même, échapper aux bras rouges de l'échafaud qu'en y précipitant les bourreaux pêle-mêle avec les victimes. Puis, quand un peu de calme se fit autour des hécatombes, et qu'aux fureurs de la place publique succédèrent la lassitude chez les uns, le remords chez les autres, la pitié au cœur du plus grand nombre, la Convention n'osa se séparer qu'en créant un pouvoir exécutif, composé de cinq membres, et armé de tout ce qui restait de force pour museler une multitude qui s'était fait de l'émeute une profession permanente, qui avait reçu de l'anarchie une solde régulière, avec le spectacle gratis de la guillotine et des noyades.

Le Directoire n'était point une monarchie; mais cette magistrature, héritant d'une assemblée dictatoriale, accusait déjà les nécessités d'un ordre public tendant à ressortir du chaos. Elle ne put, toutefois, suffire à toutes les exigences de sa mission. La liberté de la presse était sans limites, et faisait au pouvoir une guerre armée de tous les traits du ridicule. En France, on aime le pouvoir qui éblouit et dont l'allure est altière. La pentarchie républicaine devait donc périr par ses petitesses. Assiégée par des conspirations dont les complices se trouvaient parmi ses propres membres, elle s'ouvrit bientôt à une nouvelle anarchie. Il fallut appliquer un remède violent à cette situation devenue intolérable : l'épée du général Bonaparte fut jetée pour la première fois dans la balance des partis. La France comprit alors qu'elle avait besoin d'un gouvernement d'initiative et de résistance; elle accueillit le 18 brumaire comme une victoire de la société sur les menaces des factions, et l'avenir chancelant fit un nouveau pas dans son retour à l'unité du pouvoir, par l'avénement du Consulat.

Le Consulat, c'était l'ombre indécise d'une monarchie constitutionnelle. Le pouvoir s'y trouvait divisé en trois personnes ; mais cette division était plus apparente que réelle. En droit, il y avait un premier consul ; en fait, Bonaparte écrasait ses collègues du poids de sa gloire et de sa popularité militaire ; il les réduisait au rôle subalterne de ministres consultants. L'unité du pouvoir se dégageait donc, par la force des choses, du vieux ferment démagogique ; mais il lui manquait la durée. Bonaparte était fort, il osa. Le Consulat à vie fut décrété sans obstacles. On marchait, dès lors, en pleine voie de restauration monarchique. Néanmoins, les esprits demeuraient inquiets. A la mort du premier consul, il faudrait remonter ce grand ressort de l'ordre et de la sécurité publique ; il faudrait aussi, peut-être, renouveler la lutte contre des commotions anarchiques. Tous les intérêts de la nation se groupèrent dans l'unité, et l'unité devint l'Empire.

Que deviennent alors les farouches républicains qui avaient voté, au sein de la Convention, la peine capitale contre tout individu qui proposerait ou tenterait de rétablir en France soit la royauté, soit toute autre forme politique attentatoire à la souveraineté du peuple ? Ah ! n'en ayez nul souci. L'austère David, qui s'écriait à la mort de Marat, en pleine Convention : « Caton, Aristide, Socrate, Timoléon, Fabricius et Phocion, illustres sans-culottes des vieux âges, dont j'admire la respectable vie, je n'ai pas vécu avec vous ; mais j'ai connu Marat, et je l'ai admiré comme vous ! » Ce puritain de mélodrame qui disait à Louis XVI, après le 10 août : « Je ne peindrai plus les tyrans que la tête séparée du tronc! » David le régicide se félicite de devenir le premier peintre de Sa Majesté impériale Napoléon Ier.

L'ignoble Fouché, qui s'écriait, douze ans auparavant, dans le procès du roi-martyr : «Le temps est pour nous contre tous les rois de la terre, » Fouché gagne par ses services de mouchard le titre d'excellence et la couronne de duc d'Otrante.

Le sans-culotte Robespierre, s'il eût vécu, serait devenu baron de l'Empire.

L'unité du pouvoir une fois reconstituée, la presse devient le marchepied de Napoléon. Le *Journal des Débats*, ci-devant *Journal des débats du club des Jacobins* prêche le dogme de l'hérédité dynastique en faveur du soldat couronné : « L'homme qui a servi la France dans la paix et dans la guerre n'est-il pas le seul capable de la gouverner ? Voilà ses titres : en est-il de plus légitimes et de plus sacrés? S'il y a encore des Français qui conservent des espérances frivoles sur le retour d'une malheureuse famille qui n'a pas su conserver son antique héritage, ils conviendront, aujourd'hui, qu'après s'être laissés tomber, par leur imprudence, d'un trône si bien affermi, ces princes ne sauraient s'y tenir fermes, lorsqu'ils y seraient entourés de précipices et d'écueils, lorsque tant de passions exaspérées, tant d'intérêts froissés frémiraient autour d'eux. Il ne manque à Bonaparte que cette stabilité qui doit fixer dans sa famille le fruit de ses services :

qu'il soit donc le fondateur d'une dynastie nouvelle ! »

Mais cette tâche n'était point facile.

Élevé sur le trône par un de ces concours de circonstances qui ne se rencontrent qu'une fois dans une période de siècles, Bonaparte, enfant de l'armée, et dominé autant que soutenu par elle, se crut obligé de chercher dans la victoire un gage sans cesse renouvelé de la stabilité de sa fortune ; il lui fallait chercher la victoire dans la guerre, et la guerre le dévora.

On vit alors cette malheureuse famille, qui n'avait pas su garder son antique héritage, revenir pour achever la restauration monarchique, en la replaçant sur sa base antique, dans ses conditions d'unité, de durée et d'hérédité.

A QUI APPARTIENNENT LA FORCE ET L'AVENIR?

Ainsi, le Directoire après la Convention, le Consulat à temps, puis à vie, après le Directoire, l'Empire après le Consulat, les deux Restaurations séparées par cent jours d'agonie impériale, et même l'avénement d'une dynastie usurpatrice après la révolution de Juillet, sont des preuves incontestables de la perpétuité de l'esprit monarchique au sein de l'immense majorité des Français.

Ce principe, tant de fois relevé sous un titre ou sous un autre, et qu'on croyait définitivement écrasé sous les barricades de 1848, apparait encore une fois, derrière le fauteuil présidentiel fabriqué par les *citoyens* Marrast et compagnie.

Le parti des charlatans politiques, c'est-à-dire le socialisme montagnard, incarné dans une centaine d'individus sans convictions, sans science et sans vertus civiques, arrête seul encore la manifestation du sentiment général. Ces cupides exploiteurs des vices et de la crédulité du bas peuple ont, disent-ils, les mains pleines de recettes infaillibles pour le bien-être de l'humanité future. Ils ne parlent que de mettre la société au pilon, et ne s'embarrassent que du choix de l'éxécuteur. Sera-ce M. Ledru-Rollin ou M. Proudhon, M. Cabet ou M. Raspail, M. Louis Blanc ou M. Pierre Leroux, M. Considérant ou M. Blanqui ? Mais comment s'entendre parmi ces apôtres du grand niveau? à quels signes découvrira-t on la véritable panacée démocratique et sociale? — « Bah! s'écrient les patriotes barbus, marchons toujours! tant pis pour ceux qui tomberont sur la route! Dieu reconnaîtra ses élus! »

En attendant que la Providence intervienne et rayonne sur ce chaos, une profonde anxiété tarit peu à peu les sources de la vie nationale. Au milieu des agitations qui fermentent depuis plus de deux ans, les conservateurs de l'ordre s'épouvantent de vivre sous un régime sans garantie, et sous un pouvoir chancelant. Ce pouvoir, dit-on de toute part, privé d'initiative, parceque l'unité lui manque aussi bien que le temps, semble n'avoir d'autre mandat que de signifier l'exclusion des gouvernements sur lesquels on ne peut pas encore s'entendre. Il occupe la place d'un pouvoir fort, mais il ne la remplit pas. Il vit de la tolérance ou de l'impuissance de ses ennemis; mais il ne vit de la sympathie et du dévouement d'aucun ami. A ce régime on s'aperçoit que la France dépérit et se mine, et chacun cherche, avec une profonde inquiétude, l'issue de cette impasse et le remède de cette situation. »

Cette question, que se pose aujourd'hui quiconque a un foyer, une famille, une conscience, un intérêt moral ou matériel à conserver ou à défendre, cette question semble brûlante et pleine de périls. On se la fait avec une angoisse secrète, en portant sur l'avenir un regard timide et indécis.

Après tant de siècles usés dans la recherche lente et souvent stérile des améliorations que réclame sans cesse la condition humaine, les résultats de nos dernières révolutions ont éclairé les esprits sur les fautes du passé; mais ils ont, en même temps, effrayé les imaginations et jeté un profond découragement dans les cœurs.

Comme chacune de ces révolutions a enfreint le principe de l'ordre, on a voulu en conclure que la société tout entière finirait par crouler dans l'anarchie. Les meilleures intelligences n'ont pu se préserver d'une certaine terreur, en face de cette foule de systèmes que chaque jour voit éclore avec la prétention de tout renouveler en politique, en lois, en religion; et, par une sorte d'appréhension douloureuse, elles ont donné crédit à ces prophéties de funeste augure qui nous annoncent de toute part une prochaine dissolution sociale.

Préservons-nous de ces exagérations chagrines. Au lieu de redouter un état de décadence possible, peut-être, mais éloigné de bien des siècles, où la propriété sera détruite, où les hommes n'auront plus d'autre loi que la force, d'autre morale que leurs appétits, où, dans une hideuse promiscuité, la femme sera mère sans être épouse, et où nous fraterniserons avec la brute, élevons plus haut nos regards; affermissons nos cœurs, et cherchons en nous-mêmes le secret de notre salut et de l'avenir offert à notre postérité.

Repoussons du pied, dans les bas-fonds de la démagogie, toutes les chimères d'égalité absolue qui ameutent contre nous la plèbe, enrégimentée par ses instincts cupides, sous les ordres de quelques flibustiers politiques. L'égalité véritable, nous la possédons en vertu d'un code immortel qui, depuis dix-huit siècles, éclaire le monde. Tous les hommes sont égaux devant Dieu, devant la loi, devant le devoir, devant les ennemis de la patrie. Le travail et l'intelligence les égalisent aussi dans l'ordre social, malgré les différences inévitables de position; et ce sont précisément ces différences qui, par une émulation légitime, développent nos facultés et entretiennent l'activité morale. Faisons que toutes les nobles carrières soient réellement accessibles au mérite, à la probité et au vrai patriotisme, sans rechercher follement, à la suite de quelques songe-creux, Montagnards ou autres, s'il arrivera un jour où la société sera délivrée des ferments qui l'agitent; où les passions, se modérant et se réglant elles-mêmes, ne dérangeront plus le niveau de l'utopiste; où les plus doux sentiments de la famille n'auront plus aucun sens, et où tout sentiment d'individualité s'éteindra, pour faire place à l'humble et unique désir de mériter, par un travail commun, la portion d'aliments nécessaire à une existence icarienne.

Laissons de côté, pour toujours, ces billevesées stupides, renouvelées du sans-culottisme de 93 et des hallucinations de Gracchus Babeuf.

Mais, en même temps que nous faisons bonne justice de coupables espérances, ne nous endormons point sur le volcan dont la lave bouillonne dans les profondeurs de la société.

Un mal cruel dévore les multitudes. Ce mal, nous le connaissons tous. Il est l'œuvre de prétendus philosophes qui n'ont cherché qu'à se rendre populaires, pour attirer dans leurs mains avides ce pouvoir dont les masses disposent à certains jours. Ces régénérateurs de l'ordre social ne cessent de pervertir les esprits ignorants et crédules. Ils trompent le peuple, au profit de leur ambition, sur la cause véritable des souffrances qu'il éprouve. Tout ce que le peuple ressent, tout ce que le riche ressent comme lui, et plus que lui souvent, la maladie, la fatigue, la privation, le désir contrarié, la déception après le désir satisfait, la vieillesse, la mort, toutes ces souffrances de l'humaine nature, on lui persuade qu'il pourrait ne pas les endurer, qu'elles pourraient lui être épargnées; que l'état social actuel en est cause, cet état social qu'on proclame fait *par* et *pour* les riches. On lui prêche dans les journaux, dans les conciliabules secrets, dans d'infâmes pamphlets, que tout ce bonheur dont il est privé, dont il croit qu'il pourrait jouir, lui est refusé méchamment, et qu'une portion de la société en accapare pour elle la plus grande part. Alors la colère passionnée se joint à la souffrance de ce peuple halluciné; il s'arme, il tue, il se fait tuer et décuple ses maux. Horrible confusion, semblable à celle où les soldats d'une même armée s'égorgent entre eux, trompés par la nuit et par un ennemi perfide qui, poussant dans les ténèbres le cri d'alarme, les a portés à se ruer les uns sur les autres! La nuit, ce sont les sophismes des niveleurs; l'ennemi perfide, ce sont les intelligences haineuses qui, n'ayant pu se faire une place à leur guise dans la société, spéculent sur la misère et l'ignorance, pour provoquer des conflagrations et régner à tout prix, ne fût-ce qu'un seul jour, sur les décombres de la guerre civile.

Tout ce que l'ancienne révolution peut contenir de souvenirs lugubres et à jamais maudits est exploité, travesti par ces déclamateurs éhontés qui vont semant partout les ferments de la haine entre les enfants d'une même patrie. Vaincus en juin 1848, ils rêvaient, un an plus tard, une nouvelle catastrophe. Abandonnés de leurs soldats, en juin 1849, ils n'ont pas perdu l'espoir de livrer une bataille décisive; seulement, plus prudents ou plus perfides, ils cherchent, par d'hypocrites protestations de patriotisme et d'amour fraternel, à énerver dans un sommeil périlleux les résistances dont ils ont éprouvé l'énergie. Conspirateurs de la veille, conspirateurs du lendemain, ils font du jésuitisme à leur manière; ils se montrent patients et débonnaires, jusqu'à ce que leurs machines de guerre soient prêtes, jusqu'à ce que le ban et l'arrière-ban de leurs aveugles soldats soient prêts à se jeter dans une lutte sans merci. Ils attendent le succès d'une surprise, ils calculent notre lassitude à force d'épuiser notre vigilance. Un engagement à ciel ouvert ne va point à leur couardise; il leur faut un *coup de chien*, dans leur langage démagogique et social. Ils attendent la *belle*.

Si, grâce à l'imprudence, à l'imprévision ; si, par une de ces fautes qu'on ne connaît que trop tard, pour la déplorer inutilement, ces hommes, dont on a le tort immense de ne pas redouter assez les machinations de toute espèce, arrivaient à un triomphe momentané, Dieu sait au prix de quels atroces déchirements la société parviendrait à briser les chaînes sanglantes dont elle se verrait garrottée.

Certes, quand on se souvient des hideuses journées de 93; quand on additionne les victimes de la première république, et qu'on trouve *un million trente-deux mille cinq cent quatre-vingt-cin* cadavres, dévorés par *cinquante mille* comités révolutionnaires fonctionnant dans tous les coins de la France, c'est-à-dire par des égorgeurs publics devant lesquels le droit de défense était supprimé *par la loi*, et dont les arrêts étaient sans appel, il est plus que permis de redouter pour son pays le retour de ces sanglantes hécatombes, de ces orgies monstrueuses.

Voilà ce que préparent les patriotes *de la veille*, ces amis de la *nature*, ces vils adulateurs de populace qui ne voient dans tout défenseur de l'ordre social que des *réacs*, des *aristos*, et autres épithètes du dictionnaire de la Terreur.

Un million trente-deux mille cinq cent quatre-vingt-cinq CADAVRES!... Voilà, s'écriait jadis un des plus nobles citoyens dont la France a le droit de s'enorgueillir; voilà l'objet de vos hymnes, apôtres de 93! Des charretées de victimes tombant par milliers sous le plomb ou la hache, pendant près de trois années, en vertu d'une loi de *salut-public* qui privait les *suspects* de témoins, de défenseurs et d'appel! Songez-vous que le souvenir d'une seule condamnation inique, celle de Socrate, a traversé vingt siècles pour flétrir les juges et les bourreaux? Ah! pour entonner le chant de triomphe, pour nous promettre le retour de ces effroyables *épurations* de la société, il faudrait du moins attendre que les pères et les mères, les femmes et les enfants, les frères et les sœurs des victimes fussent morts!

Et ils couvrent encore la France!...

Femmes, bourgeois, négociants, magistrats, paysans, soldats, généraux, ouvriers, immense majorité plébéienne sur laquelle a passé le couperet de la Terreur, vous plaît-il de fournir de nouveaux aliments à ce merveilleux spectacle?

Les émeutes, les jacqueries, les massacres populaires sont des malheurs de tous les siècles, de tous les pays; mais une organisation complète du meurtre légal, voulez-vous la revoir?

Non?

Eh bien, c'est pourtant ce que vous apprêtent les loups cachés sous la toison de l'agneau populaire, ces grands novateurs qui veulent mettre au pilon la société *gangrenée*, et qui supputent dans l'ombre le chiffre des représailles que *le peuple* a le droit de réclamer pour prix de son *long martyre*.

Que, dans la fièvre révolutionnaire d'autrefois, il se soit trouvé, comme l'a dit si bien M. de Châteaubriand, d'atroces sycophantes engraissés de sang, comme ces vermines immondes qui pullulent dans les voiries; que des sorcières, sorties des fanges de Paris, aient dansé autour du chaudron où l'on faisait bouillir les membres déchirés de la France, cela se conçoit. Mais que l'on rencontre aujourd'hui encore des hommes qui, dans une société paisible, se constituent les apologistes de ces boucheries; des hommes qui parfument et couronnent de fleurs le baquet où roulèrent pêle-mêle les têtes à couronne ou à bonnet rouge; des hommes qui enseignent l'apologie du meurtre et qui se font professeurs du massacre comme d'autres sont professeurs d'escrime, voilà ce qui ne se comprend plus.

Autrefois, sous les grands règnes qui ont illustré nos annales, la France apprenait au monde entier qu'elle était la première de toutes les nations. Les armées de la république, par leur discipline et leur incomparable bravoure, firent oublier les crimes qui souillèrent les premiers pas de ce gouvernement.

Napoléon vint ensuite. Son vaste génie, les brillants rayons de gloire dont il entoura notre immense empire, électrisèrent tous les peuples. L'épée de la France d'alors, comme celle de Brennus, servait de contre-poids à nos agitations politiques. Elle obligea longtemps les monarques coalisés à courber leur tête devant notre drapeau.

Aujourd'hui, on entend, de tous côtés, les prédictions d'un sinistre avenir; les doctrines les plus sauvages font des progrès que rien n'arrête plus; et il n'est pas même permis de douter qu'une catastrophe se prépare.

De quel côté penchera la balance du destin?

Sommes-nous condamnés, après tant d'épreuves et de désastres, à traverser les flots d'une mer rouge pour atteindre, au hasard, des rivages inconnus?

La cause du salut public sera-t-elle triomphante, ou, par une mystérieuse permission de la Providence, faudra-t-il que notre malheureuse patrie subisse, encore une fois, la fatale expérimentation des violences révolutionnaires?...

Sans être un Cassandre, il est permis de signaler les symptômes redoutables qui s'exhalent de toutes choses. Le passé, d'ailleurs, nous enseigne l'avenir, et c'est un devoir, en des circonstances si graves, que de dire toute sa pensée.

Un État peut être amené à une telle situation, qu'il n'y ait rien à en dire sans paraître accuser le pouvoir qui l'a faite et le pays qui la supporte. Dans ces époques sans espoir, il faut se taire.

Au contraire, il est des temps où, sous une apparence de ruine, se prépare pour un peuple une meilleure fortune. Alors il faut parler.

Ces temps, ce sont les nôtres.

Si la destinée de la France était de demeurer ce qu'elle est aujourd'hui, il ne nous resterait, pour nous, rien à faire qu'à effacer de nous-mêmes ce que nous avons vu du reste de l'Europe, et à endormir solitairement, comme nous pourrions, notre pays sur sa décadence. Nous nous enfermerions avec lui dans sa chute, et nous y trouverions encore de quoi nous abuser jusqu'à la fin.

Mais le pire service qu'on ait à rendre à l'État serait de lui pallier ses dangers et son abattement ; car, dans des jours pareils, ce n'est plus seulement le droit, c'est le devoir de ceux-là même dont la voix est la plus faible, de dire ouvertement ce qu'ils ont vu autour d'eux, afin que la société menacée reçoive jusqu'au bout des avertissements de tous côtés ; qu'on ne la laisse pas traîtreusement se tuer, par ses armes, dans ses propres embûches ;

qu'au moins le pays sache bien que, quoi qu'il arrive, il peut sortir la vie sauve.

La patrie est en danger.

L'ennemi est dans son sein.

Gouvernants du jour, ne vous faites plus d'illusions, et ne nous trompez point par une sécurité que vous n'avez pas.

Il ne vous reste que juste le temps d'élever une digue assez forte pour refouler les flots du torrent révolutionnaire.

SEULE, la *Garde nationale* peut sauver la France. D'elle, on doit TOUT espérer; sans elle tout est perdu. C'est l'unique digue qu'il soit encore permis d'opposer au terrible fléau qui menace de nous engloutir.

Palladium des libertés publiques, gardienne permanente de tous les intérêts sociaux, elle trouve au fond d'un passé de dix siècles le premier anneau de ses immortelles traditions. Ses grands souvenirs historiques sont la mesure des immenses devoirs qui lui sont imposés.

Faut-il les lui retracer?

C'est au berceau de la monarchie française, c'est sous les rois de la race mérovingienne que nous voyons apparaître, pour la première fois, les germes de la grande institution et les premiers services des *milices nationales*. Dès ces temps presque fabuleux, nos chroniques nous montrent les habitants de nos cités organisés militairement, sous des chefs élus par eux, et combattant sous la bannière des guerriers francs. Ces milices, composées de toute la population urbaine, propriétaires, artisans ou marchands, à l'exception des prêtres, des magistrats, des colons agricoles et des serfs ou domestiques, remplissaient le double rôle de nos gardes nationales, sédentaires ou mobiles. S'il fallait défendre le sol contre une invasion de Barbares, s'il y avait à protéger la cité contre les brigands du voisinage à repousser les exactions de quelque guerroyeur avide de conquête et de butin, ou à seconder le roi dans ses entreprises, les bons et pacifiques bourgeois d'alors quittaient leurs métiers pour une campagne de quelques jours, et se comportaient en vaillants hommes.

Les milices de la Touraine, de l'Anjou, du Berry, du pays Manceau; celles de Nantes, de Rouen, de Bayeux, d'Avranches, d'Évreux, de Séez, de Lisieux, de Coutances, de Poitiers, de Tours et d'Angers; celles de l'Orléanais et du Blaisois sont célèbres dans nos vieilles annales, par leurs luttes contre la tyrannie féodale, contre les bandits qui dévastaient nos provinces avant l'invention de la maréchaussée, et contre les fauteurs de troubles civils.

Rappelez-vous maintenant ce drame lugubre des invasions scandinaves, que la puissance de Charlemagne n'avait pu détourner de nos rivages. Rappelez-vous ces Normands qui, du quatrième au neuvième siècle, avaient porté le désastre des rives de l'Elbe à celles du Guadalquivir, du fond de la Germanie aux extrémités de l'Espagne; ces hordes du Nord, que les seigneurs de l'ancienne France appelaient eux-mêmes comme auxiliaires, dans leurs querelles privées et dans leurs révoltes contre la royauté. Leurs incursions s'étendirent dans tous les bassins de la Gaule qui descendaient vers l'Océan et la Méditerranée. Les lits de l'Oise, de la Loire, de la Meuse, de la Somme, du Rhône, de la Seine portaient leurs flottes dévastatrices, et vomissaient leurs bandes partout où il y avait à piller. Corbie, Amiens, Arras, Térouane, Saucourt en Vimeu, Noirmoutiers, Saint-Florent, Amboise, Clermont d'Auvergne, Rouen, Jumièges, Saint-Omer, Nantes, Angers, Tours, Orléans et tant d'autres villes avaient eu à soutenir les assauts de ces terribles conquérants, qui avaient pillé trois fois la banlieue de Paris.

S'ils furent chassés ou détruits, si les cités qu'illuminait la rouge lueur de leurs torches ne furent pas dévorées, quels bras sauvèrent nos provinces, à ces époques où les armées régulières n'existaient nulle part?

Ce furent les *milices bourgeoises*.

A la fin du neuvième siècle, sous le règne de Charles-le-Chauve, une multitude innombrable de ces pillards du Nord, sous la conduite de Rollon, se jette sur la Normandie, enlève Rouen, Pontoise, et arrive devant Paris le 25 novembre 885. Paris était pour eux une proie merveilleuse. La renommée de ses richesses avait pénétré jusqu'au fond des froides forêts du Nord; et Paris, pour se défendre, n'avait point d'armée, tandis que Charles-le-Gros s'amusait à guerroyer avec quelques seigneurs d'Italie et d'Allemagne qui lui refusaient leur hommage.

Quels bras sauvèrent Paris des horreurs d'un siége impitoyable, et de la ruine sanglante qui aurait suivi une prise d'assaut?

Ce furent les *milices bourgeoises.*

L'histoire a gardé les noms de douze habitants de Paris qui défendirent, pendant une journée, le petit pont de la Cité contre une armée entière. Ils s'appelaient Hermanfred, Hervé, Eriland, Odowaker, Erwig, Arnold, Solins, Gosbert, Guy, Ardrade, Eynard et Gosswin. Cette illustration de si vieille date ne vaut-elle pas les vaniteux blasons des Croisades? n'est-elle pas la sœur aînée des gloires de notre siècle?

Du onzième au quatorzième siècle, notre histoire n'est qu'un long mais palpitant récit des luttes énergiques soutenues par les *milices bourgeoises* contre les exactions de l'aristocratie féodale. Dans ce passage de l'ancienne civilisation abâtardie à une civilisation neuve et originale, les restes des vieux monuments de la splendeur romaine servirent plus d'une fois de matériaux pour la construction des murailles des villes et des tours qui devaient garantir les communes contre l'hostilité des châteaux. Dans le midi de la France, où les anciennes villes romaines subsistaient en plus grand nombre, et où, plus éloignées du foyer des invasions et de la domination germanique, elles avaient mieux conservé leur population et leurs richesses, les tentatives d'affranchissement furent, sinon plus énergiques, du moins plus complétement heureuses. C'est là seulement que les cités affranchies atteignirent à la plénitude de cette existence libérale qui était, en quelque sorte, l'aspiration de toutes les communes. Dans le Nord, la lutte fut plus longue et le succès moins décisif. Une circonstance défavorable pour les villes des provinces septentrionales, c'était la double dépendance où elles se trouvaient, sous le pouvoir de leurs seigneurs immédiats et la suzeraineté du monarque. Au milieu de leur lutte contre la première de ces puissances, la seconde intervenait pour son profit, et souvent rétablissait le combat lorsque tout semblait décidé. Lorsque le chagrin d'être privés d'une liberté chèrement acquise poussait les bourgeois à reprendre les armes, le roi les châtiait d'une manière dure et quelquefois cruelle. Mais le principe qui fit éclater ces immortelles batailles des milices bourgeoises contre les archers royaux et la chevalerie, mais l'enthousiasme qui fit braver à nos aïeux militants tous les dangers et toutes les misères, c'était bien celui de la liberté, de la famille et de la propriété.

La liberté d'alors c'était, si l'on peut s'exprimer ainsi, une liberté toute matérielle; c'était le droit d'aller et de venir, de vendre et d'acheter, d'être maître chez soi, de laisser son bien à ses enfants. Dans ce premier et légitime besoin d'indépendance qui agitait les hommes, c'était la sûreté personnelle, la sécurité de tous les jours, la faculté d'acquérir et de conserver, qui étaient le dernier but de leurs efforts et de leurs vœux. Les intelligences ne concevaient alors rien de plus élevé, rien de plus désirable dans la condition humaine; et l'on se dévouait pour obtenir, à force de peine, ce qui, dans l'Europe actuelle, constitue la vie commune, ce que la simple police des États assure à toutes les classes de citoyens, sans qu'il y ait besoin, pour cela, de chartes et de constitutions libres.

Toutes les révolutions modernes prennent leur source dans les anciennes luttes des braves milices bourgeoises contre l'oppression des castes souveraines. Autrefois, la plupart des bourgs étaient la propriété des barons ou des églises; et les villes épiscopales se trouvaient, en totalité ou en partie, sous la domination du clergé. Quelquefois un seigneur laïque, maître de l'ancienne citadelle ou du quartier voisin, disputait au prélat la suzeraineté et le gouvernement du reste de la ville. Quelquefois le roi avait une tour où son prévôt se cantonnait militairement, pour lever sur les bourgeois certains subsides, en sus des tailles que l'évêque et le seigneur laïque exigeaient chacun de son côté. Heureusement pour la bourgeoisie, ces trois puissances s'accordaient mal entre elles. L'insurrection d'un des quartiers de la ville trouvait souvent un appui dans le seigneur voisin; et, si la population tout entière s'associait en corps politique et s'organisait en milice armée, il était rare qu'elle ne fût pas victorieuse, car elle combattait pour ses foyers et pour ses intérêts les plus chers.

Nos anciennes chroniques fourmillent de détails révoltants sur la tyrannie des évêques seigneurs. A l'exemple de l'Église, la noblesse, escortée de coupe-jarrets, traitait les bourgeois des villes comme les manants de la campagne ; nuit et jour, les rues étaient le théâtre de guet-apens sans nombre, et nul ne pouvait sortir sans risquer d'être enlevé, volé ou occis.

Les milices bourgeoises de Laon, de Noyon, de Cambrai, de Reims, d'Amiens, de Soissons, de Vézelay firent des prodiges de courage et de dévouement. Si, plus tard, l'existence républicaine des communes armées se fondit dans la centralisation monarchique, le mouvement qui poussait la masse de la nation vers l'anéantissement de toute servitude ne fut point arrêté. Quand la liberté s'est levée au sein d'un peuple, il n'y a plus de force capable de l'enchaîner pour longtemps.

Mais ce n'était pas seulement derrière les remparts de la cité, ou à l'abri de leurs maisons crénelées, que les bourgeois déployaient jadis leur courage. En 1189, la milice de Mantes repoussa les Anglais. A la célèbre bataille de Bouvines, les légions communales portaient haut leurs étendards à côté de l'oriflamme de Philippe-Auguste. Armés de boules de plomb attachées à un manche par une chaînette, d'épées rouillées, de lances grossières, de haches à deux tranchants ébréchées ; la tête couverte d'un bassinet de fer, et la poitrine garantie par un plastron de cuir, les bourgeois de Noyon, de Montdidier, de Montreuil, de Soissons, de Bruyères, d'Hesdin, de Crespy, de Craone, de Roye, de Compiègne, d'Amiens et de Beauvais, se battirent comme des lions, et ramenèrent prisonniers à Paris cent seize nobles chevaliers dont ils avaient broyé les hommes d'armes.

Pendant les troubles de la Jacquerie, le fameux Étienne Marcel, prévôt de Paris, avait incorporé dans la milice tous les bourgeois sans exception, au nombre de cinquante mille. Ce déploiement de forces était nécessaire à une époque où il n'y avait point d'armée permanente pour conserver ou rétablir l'ordre public. Les villes, cernées à l'improviste, n'avaient pour garnison que leurs habitants, qui, suppléant à la tactique par le courage, parvenaient à vaincre les troupes les mieux exercées.

Rappelez-vous ces bourgeois de Calais, qui soutinrent, pendant onze mois, les assauts d'une armée anglaise qu'Édouard III conduisait de victoire en victoire.

Rappelez-vous la défense de Rouen, en 1418. Abandonnés par les troupes royales, investis de tous côtés par les Anglais, les héroïques Rouennais avaient juré de chasser l'ennemi ou de s'enterrer sous les ruines de leur cité. Décimés par la famine, dénués de munitions, sans espoir d'être secourus, ils voulurent se frayer une sortie à travers les masses assiégeantes; mais la trahison de Guy-Boutillier, gouverneur royal, les avait vendus à l'ennemi, et lorsqu'ils passèrent la Seine, le pont, scié secrètement par les agents de ce misérable, s'abîma dans les flots, sous le poids de plusieurs milliers d'hommes. Réduite à capituler, la milice rouennaise s'illustra dans son chef, Alain Blanchard. Ce grand citoyen, condamné par les vainqueurs à périr ou à payer une forte rançon, répondit à ses bourreaux : « Je n'ai pas de bien ; mais si j'en avais, je ne donnerais pas un sou pour empêcher des Anglais de se déshonorer. »

Beauvais, assiégé, en 1472, par Charles-le-Téméraire, duc de Bourgogne, dut son salut à sa milice, dont les femmes elles-mêmes avaient voulu grossir les rangs. Jeanne Lainé renversa elle-même, du haut des murs, un capitaine bourguignon qui venait d'y planter un drapeau.

En 1588, pendant les guerres de la Ligue, les milices bourgeoises de Paris forcèrent Henri III à s'enfuir de sa capitale, qu'il ne devait plus revoir.

En 1636, la Bourgogne était envahie par cinquante mille Impériaux et Espagnols. La petite ville de Saint-Jean-de-Losne n'avait à leur opposer que quatre cents bourgeois, douze volontaires d'Auxonne, et cent vingt soldats du régiment de Conti. Après avoir repoussé deux assauts, ces hommes héroïques se réunirent dans la Maison-Commune, et jurèrent, entre les mains de leurs échevins Pierre Desgranges et Pierre Lapre, de mettre le feu à leurs maisons et de faire sauter les poudres, si l'ennemi parvenait à pénétrer dans la ville. Dans un dernier assaut, les enfants eux-mêmes, des jeunes filles combattirent à côté de leurs pères, et la victoire resta à ces vaillants bourgeois, qui, ayant eu le bonheur d'être secourus à temps, s'emparèrent de l'artillerie étrangère.

En présence de faits si remarquables, il n'est plus permis d'écrire ni même d'imaginer que la classe moyenne soit née d'hier pour le patriotisme. Car, sans revenir sur tout ce qu'il y eut de grand et de généreux dans les insurrections qui, du onzième au treizième siècle, couvrirent la France de communes affranchies, dans les émeutes bourgeoises et même dans les Jacqueries du quatorzième siècle, qu'on choisisse une époque, non plus de luttes intestines, mais d'invasions étrangères, et l'on verra qu'en fait de dévouement et d'enthousiasme, le dernier ordre de l'État, dans les siècles de l'absolutisme féodal, n'est jamais resté en arrière. D'où vint le secours qui chassa les Anglais du sol de France et releva le trône de Charles VII, lorsque tout paraissait perdu, et que le talent militaire des Dunois et des Lahire ne servait plus qu'à faire des retraites en bon ordre et sans trop de dommage? Ce secours ne fut-il pas le produit spontané d'un élan d'enthousiasme, dans les rangs de la milice des villes et des villages de nos provinces envahies?

Mais c'est surtout depuis la Révolution de 1789, que les milices nationales ont donné, par toute la France, les plus sublimes exemples d'une valeur à toute épreuve, et du dévouement le plus énergique, tantôt à la cause de la liberté, tantôt aux impérieuses nécessités du salut public.

Le 13 juillet 1789, seize légions de garde nationale s'improvisent, et prennent la cocarde bleue et rouge, couleurs de la municipalité de Paris. Le premier soin de cette force conservatrice est de procéder au désarmement de tous les individus sans aveu. Le lendemain, elle prend la Bastille, et force les troupes royales à se replier sur Sèvres. Paris est illuminé; les places, les rues, les quais deviennent des arsenaux où l'on fond des balles, où les armuriers fabriquent des piques.

Pendant les mois d'août et de septembre, la garde nationale veille, sur toute la France, pour maintenir l'ordre et la paix. Dans la matinée du 6 octobre, elle sauve, dans le château de Versailles, les jours de la reine, menacée par une bande d'assassins déguisés en femmes.

Lorsque, plus tard, les ennemis de liberté couvrirent notre belle patrie de sanglantes funérailles et déchaînèrent, dans toutes les provinces, l'hydre de la guerre civile; lorsque les villes du Languedoc, du comtat Venaissin, de la Bretagne et de la Vendée s'insurgèrent, ce fut, toujours et partout, la garde nationale qui versa son sang généreux pour étouffer les complots de l'anarchie, tandis que ses bataillons mobilisés couraient aux frontières de l'est et du nord, pour armer nos places fortes et défier les menaces de l'étranger.

Le 20 avril 1792, l'Assemblée législative ayant déclaré la guerre au roi de Bohême et de Hongrie, qui conspirait pour rétablir la monarchie absolue, la garde nationale de Paris revendiqua l'honneur d'offrir trois régiments de volontaires. Les rapports du maréchal de Rochambeau et du général Biron sont pleins d'éloges pour leur brillante conduite.

Dès que parvint la sinistre nouvelle que cinquante-deux mille Prussiens pénétraient en Lorraine, que les Autrichiens menaçaient la Flandre, le corps législatif déclara que la patrie était en danger. Toutes les municipalités françaises, manquant de fusils, firent fabriquer des piques longues de six à dix pieds, connues sous le nom de *piques du maréchal de Saxe.* Quarante-deux bataillons de volontaires nationaux formèrent l'armée de Lukner; quarante-quatre furent donnés à Lafayette; trente-deux à Lamorlière; cinquante à Montesquiou; quarante-deux furent disposés en réserve, et un décret du 17 juillet 1792 fit un appel général au patriotisme pour défendre le sol menacé. Les enrôlements se firent de tous côtés avec un enthousiasme impossible à décrire. Les soldats citoyens devaient sauver la France. A la fin de 1792, la garde nationale qui défendait Paris atteignait un effectif de trois cent cinquante mille hommes.

Tandis que nos armées improvisées décrétaient la victoire au chant de *la Marseillaise*, l'horizon politique devenait de plus en plus sombre; les tempêtes démagogiques ravageaient la France. Les factions aux prises décimaient la nation, et la terreur était à l'ordre du jour. Ce fut la garde nationale de Paris qui livra la dernière bataille aux Terroristes, et qui fit le 9 thermidor.

On revint alors aux principes de 1789. L'émeute, ayant tenté un assaut désespéré, le 20 mai 1795, succomba dans les faubourgs, sous le patriotisme des légions nationales. On désarma tous les hommes qui n'avaient pas des moyens d'existence connus, tous les gens sans domicile fixe, tous les ouvriers qui pouvaient, à l'avenir, se laisser égarer par des factieux.

Le 9 thermidor (20 juillet 1797), Pichegru disait, dan un rapport au conseil des Cinq-Cents : «Le seul remède aux maux dont la patrie est encore menacée par les conspirations de nos ennemis, c'est une bonne organisation des gardes nationales. N'oublions pas que c'est dans leur sein que se formèrent les bataillons nombreux qui parurent tout à coup aux yeux de l'Europe étonnée, et qui se trouvèrent armés et presque instruits à la voix de la patrie en danger. On ne leur fit jamais un appel qui les ait trouvées muettes ou sans énergie. Que leur organisation complète soit donc pour les citoyens un signal de réunion. »

Mais le 18 fructidor empêcha qu'il fût donné suite à ce projet. Ce ne fut que sous l'Empire que la garde nationale reçut une organisation nouvelle.

« Ma confiance particulière dans toutes les classes du peuple de la capitale n'a point de bornes, disait Napoléon. Si j'étais absent, si j'éprouvais le besoin d'un asile, c'est au milieu de Paris que je viendrais le chercher. Dans le projet d'organiser la garde nationale, je n'ai nulle vue ultérieure relative au dehors; je le déclare. Je ne pense qu'à la sûreté, au repos, à la stabilité de la France au dedans. Poursuivez donc ce grand travail de la garde nationale; que chaque citoyen connaisse son poste au besoin; que M. Cambacérès, que voilà, soit dans le cas de prendre son fusil si le danger le requiert; et alors vous aurez vraiment une nation *maçonnée à chaux et à sable*, capable de défier les siècles et les hommes. Je relèverai, du reste, cette garde nationale à l'égal de l'armée de ligne. Les vieux officiers retirés en seront les chefs et les pères; j'en ferai solliciter les grades à l'égal des faveurs de la Cour. »

Dans les desseins du grand capitaine, les gardes nationales devaient être employées au maintien de l'ordre dans l'intérieur, et à la défense des frontières et des côtes. Les places fortes étaient *spécialement* confiées à leur honneur et à leur bravoure.

Cependant les seules gardes nationales mises en activité au commencement du régime impérial furent celles des départements du Nord, de la Somme, du Pas-de-Calais et de la Lys. Elles composaient trente-trois légions.

En 1812, au moment où l'Empereur s'apprêtait à attaquer le colosse russe, il divisa les gardes nationales en premier ban, second ban et arrière-ban. Cent cohortes du premier ban furent immédiatement mises à la disposition du ministre de la guerre. Elles ne devaient point sortir du territoire de l'Empire ; leur mission était de veiller à la garde des frontières, à la police intérieure, à la conservation des places fortes, arsenaux et dépôts maritimes. Mais à peine furent-elles organisées qu'on les dirigea, les unes vers l'Espagne, les autres sur le Rhin.

Lorsque la coalition eut envahi la France en 1813, Napoléon décréta que les gardes urbaines, dont l'effectif total était d'un million d'hommes, remplaceraient les garnisons des villes, pendant qu'il tiendrait la campagne. Au commencement de 1814, deux armées de réserve, toutes composées de gardes nationales, occupaient d'un côté Soissons, Meaux, Nogent, Troyes et Lyon ; de l'autre, Toulouse et Bordeaux. Il voulait également mettre sous les armes la bourgeoisie de Paris. Mais, lui objecta le duc de Rovigo, tout le monde observait que la garde nationale de Paris avait été le moyen le plus puissant dont les agitateurs politiques n'avaient cessé de disposer pendant la révolution, et il serait dangereux de le leur remettre de nouveau entre les mains. La nécessité où l'on se trouvait d'avoir recours à la population pour la défense de la capitale faisait qu'on était moins opposé à cette levée qu'embarrassé de la composer d'hommes qui ne laissassent rien à craindre en cas d'agitation. Les opinions furent tellement partagées dans le conseil impérial, que Napoléon fut obligé de trancher la question. Il ordonna la levée en armes de la garde nationale parisienne, en déclarant qu'il en serait lui-même le commandant en chef.

Le 23 janvier, il réunit aux Tuileries les officiers de tous grades, et leur présentant l'Impératrice et le roi de Rome, il leur adressa ces belles et touchantes paroles : « Messieurs les officiers de la garde nationale de Paris, je suis heureux de vous voir réunis autour de moi. Je compte partir, cette nuit, pour aller me mettre à la tête de l'armée. En quittant la capitale, je laisse avec confiance au milieu de vous ma femme et mon fils, sur lesquels sont placées tant d'espérances. Je devais ce témoignage de confiance à tous ceux que vous n'avez cessé de me donner dans les principales époques de ma vie. Je partirai avec l'esprit dégagé d'inquiétudes lorsqu'ils seront sous votre garde. Je vous laisse ce que j'ai au monde de plus cher après la France, et le remets à vos soins. Il pourrait arriver, toutefois, que, par les manœuvres que je vais être obligé de faire, les ennemis trouvassent le moment de s'approcher de vos murailles. Si la chose avait lieu, souvenez-vous que ce ne pourra être l'affaire que de quelques jours, et que j'arriverai bientôt à votre secours. Je vous recommande d'être unis entre vous, et de résister à toutes les insinuations qui tendraient à vous diviser. On ne manquera pas de chercher à ébranler votre fidelité à vos devoirs, mais je compte sur vous pour repousser toutes ces perfides instigations. »

Le temps des malheurs allait venir.

Le 29 mars au soir, l'empereur de Russie, le roi

de Prusse et le prince de Schwartzenberg étaient arrivés jusqu'à Bondy, avec trois colonnes formant un effectif total de cent dix mille fantassins et de vingt-six mille cavaliers.

Cinquante-deux mille fantassins et onze mille cavaliers marchaient sur Montmartre, conduits par Blücher.

Trente-sept mille fantassins et dix mille cavaliers, sous les ordres de Barclay, arrivaient sur Belleville et Pantin.

Trente mille fantassins et dix mille cavaliers, commandés par le prince royal de Wurtemberg, menaçaient Charenton et Vincennes.

Les troupes françaises, confiées au maréchal duc de Raguse, ne pouvaient opposer à ces forces qu'environ vingt-trois mille hommes. La garde nationale occupa les postes et les barrières de Paris. Malheureusement les armes manquaient. Sur douze mille hommes inscrits dans les douze arrondissements, la moitié à peine avaient quelques fusils de calibre, des mousquetons, des carabines, des fusils de chasse, ou de mauvaises lances. Il y avait plus d'un mois que la garde nationale réclamait à grands cris des fusils de munition. Le duc de Rovigo en avait informé l'Empereur, qui répondit : « Vous me faites une demande ridicule ; les arsenaux sont pleins de fusils, donnez-les. » Néanmoins, Clarke, duc de Feltre, ministre de la guerre, les refusa, sous prétexte qu'il fallait les tenir en réserve pour les besoins de l'armée. Ce ne fut que lorsque l'étranger fut sous les murs de Paris, que ce ministre voulut bien remettre quatre mille fusils, au lieu de vingt mille qui étaient nécessaires. Il y avait, au magasin de Grenelle, deux cent cinquante milliers de poudre en barils, cinq millions de cartouches, vingt-cinq mille gargousses et trois mille obus. Le ministre Clarke ne délivra que des munitions insuffisantes, et le général de Vaudoncourt l'accuse, dans ses *Mémoires*, d'avoir fait distribuer à la Garde nationale des cartouches pleines de cendres ou de charbon pulvérisé.

Malgré cette trahison, la garde nationale se défendit héroïquement à toutes les barrières, et livra des combats d'avant-postes dignes d'une troupe d'élite. La défense de Paris, livré par trahison, sera un éternel honneur pour la garde nationale. Si elle eût été secondée, les armées coalisées auraient trouvé leur tombeau dans nos rues. Au milieu des revers de la France, elle resta digne et fière dans son deuil, et nulle voix ne s'éleva de ses rangs décimés, pour saluer, comme tant d'autres lâches, les drapeaux de la Russie. Elle subit le retour des Bourbons, et, faisant taire ses sentiments particuliers, elle déposa ses armes inutiles, en laissant à la conscience des traîtres la responsabilité de l'invasion.

Le retour de l'Empereur, après son exil à l'île d'Elbe, lui rendit son enthousiasme; mais quand nos derniers revers eurent clos les Cent Jours, la garde nationale tomba dans la disgrâce de la monarchie restaurée. On ne pouvait lui pardonner d'avoir fait feu sur les fourgons de la Sainte-Alliance. Charles X la punit, en 1827, par une ordonnance de dissolution ; elle répondit, en 1830, par trois journées de combats, au milieu desquels le trône de la branche aînée disparut.

Sous la royauté constitutionnelle de juillet, elle défendit la sûreté publique, en 1832, 1834 et 1839. On la trouva partout où il y avait un péril à affronter, jusqu'à ce qu'en 1848 elle reprit ses armes, pour chasser un pouvoir parjure à son origine et ennemi des libertés françaises.

Par ces grandes choses de notre passé national, apprenons à avoir en nous-mêmes cette confiance généreuse qui ne fléchit ni devant ses devoirs, ni devant les obstacles.

Par ce que nous voyons aujourd'hui, apprenons que notre salut est en nous-mêmes, et qu'il ne faut transiger avec aucun ennemi, sous peine de périr avec la société tout entière.

Notre siècle porte en son sein le vautour qui le ronge ; il le nourrit de ses larmes et de son sang ; il le berce au vent continu des révolutions. L'esprit humain espérait se servir à lui-même de principe et de fin, s'alimenter de sa propre substance ; et voici qu'il succombe, comme un voyageur au désert, les yeux éblouis par le mirage et les pieds dans le sable mouvant, sans qu'une goutte d'eau ou un peu d'ombre descende, à sa voix, dans sa solitude désolée.

L'intelligence des novateurs ne fut jamais plus

hardie, et jamais plus visiblement impuissante. Elle ne peut s'asseoir en paix au sein des ruines qu'elle a faites, et ses vacillantes lumières semblent rendre ses défaillances plus éclatantes.

Mesurez tout ce que doit engendrer de scepticisme, au sein de notre société tourmentée, l'aspect de si éclatantes catastrophes; celui de si rapides fortunes, les unes maintenues et consolidées par l'oubli de tous les engagements; les autres, s'abîmant en un jour, et ne laissant pour morale, après elles, que la nécessité de jouir vite et de profiter des chances heureuses. Comprenez les vicissitudes d'un état de choses où chacun est contraint de se faire sa place, sous peine de n'en point avoir, et soyez surpris des maux qui nous rongent, de cette agitation universelle qui ôte à l'honneur ses susceptibilités, à l'ambition sa patience, au talent sa maturité, au foyer domestique la sainteté de son repos.

Un bruit sinistre gronde autour de nous, sous nos pas, sur nos têtes. Les meilleures intelligences semblent éprouver le vertige. C'est un bien triste spectacle que celui des erreurs humaines, même quand elles s'enveloppent des voiles du dévouement. Au terme de tant d'efforts perdus, de tant de convulsions sociales, que trouvons-nous? Des sectes contraires, des opinions disparates, des théories qui se détruisent l'une par l'autre; le bon sens luttant contre l'orgueil des innovations; le raisonnement ergotant contre l'expérience. Qu'est-ce, hélas! que la prétendue sagesse humaine? Qu'est-ce que la philosophie, qu'est-ce que la politique, après tant de révolutions sanglantes qui n'ont produit autour de nous que le vide et le découragement?

A travers le labyrinthe de nos dissensions, quelques esprits ardents se sont rencontrés, qui ont présenté l'imminence prochaine d'une crise décisive. Ils ont voulu édifier quelque chose au milieu des débris qui achèvent de crouler autour de nous. Mais leur foi sans autel, leur culte sans Dieu, se sont retournés contre eux-mêmes. Ces esprits, tout radieux d'intelligence hautaine, s'étaient dit que, dans notre société, tout se trouve à refaire. Ils nous ont montré cette société à nu, obéissant à la force, à la pression de certains ressorts politiques, mais ne levant plus les yeux vers la puissance d'en haut qui gouverne les âmes; ils nous ont montré, sous des couleurs dramatiques, la vie sociale réduite à un calcul; les vices reçus comme des bienséances; les vertus les plus saintes réduites en numéraire, et l'homme, au milieu de ce chaos, ne gardant plus, de sa vie intellectuelle, que le regard louche et blasé d'un vieillard épuisé par des excès de jeunesse. Ils ont vu, sous cette croûte d'égoïsme, brillante mais fragile, sur laquelle glisse, sans appuyer, l'homme civilisé d'aujourd'hui, comme un enfant sur la glace que son poids ébranle; ils ont vu sourdre et s'amasser des passions haineuses. Ils ont revêtu d'une formule et jeté au monde le vieil antagonisme du pauvre et du riche, de l'esclave et du maître, de l'ilote et du citoyen. Mais qu'ont-ils fait, sous la menace des périls dont-ils attisaient ainsi le feu souterrain ?

Les uns ont élevé le drapeau de la révolte philosophique. D'autres, tourmentés du besoin des croyances, se sont épuisés en vain, pour en créer une à leur image. Il en est enfin qui, plus malheureusement égarés, poussés au délire par le sentiment de leur ambitieuse impuissance, prêchent encore tous les extrêmes, pour éveiller un peu de bruit autour d'eux, et escalader les sommets du Pouvoir, à la faveur des plus audacieuses provocations.

Nous sommes pressés de toutes parts par les démolisseurs du vieux monde. La plupart chancellent sous le ridicule de leur propagande insensée ; queluns, suspendus au funeste privilége d'une certaine popularité, ressemblent à des naufragés que la tempête refoule sans cesse loin du port.

Joignez à cette action corrosive les imprudentes ardeurs de notre jeunesse française, si facile à surprendre par l'esprit frondeur. Cette passion a d'incalculables périls, lorsque l'âme, neuve encore, et recevant les impressions plus vivement, s'enthousiasme pour des idées généreuses, refuse de tolérer les moindres délais, et souffre avec une impatience fébrile les sages lenteurs d'une réforme progressive.

Quelle sera donc la fin probable de la révolution morale qui travaille notre société?

Sera-ce définitivement la république? Sera-ce un retour à la monarchie?

Malheureusement, la république, telle que la comprennent la plupart de ses plus chauds partisans, n'a de réel qu'une chose : la haine de toute supériorité morale.

Vainement l'homme cherche à éluder la loi des sociétés, l'unité du pouvoir. La monarchie ne semble-t-elle pas, à tous les esprits de bonne foi, le pouvoir naturel? Dieu en a mis le type dans la famille; il n'a mis la république nulle part. Le génie du pouvoir est de s'entourer d'institutions qui concilient à son règne l'affection populaire. La patrie n'est pas un être abstrait; c'est la collection de tous les intérêts. Dans un pays vaste comme est la France, elle ne serait pas plus sensible pour chaque individu que ne peut l'être le monde, si on ne nous attachait à elle par des garanties capables de la rendre sans cesse présente à notre imagination, à nos sentiments. Il faut que les citoyens l'aiment, et, pour l'aimer, qu'ils apprennent à la défendre en dedans comme au dehors.

Ce serait une politique triviale et ruineuse que celle qui se résoudrait à végéter en opposant les factions l'une à l'autre. Il faut que tous les Français comprennent leur intérêt au maintien de l'ordre. Jusque-là, la liberté parmi nous sera sans cesse exposée à tous les hasards d'une confiscation soudaine, et d'un despotisme écrasant. Le chef-d'œuvre de la politique moderne serait de comprimer l'abus sans gêner l'essor de cette liberté, qui est le plus précieux de nos biens. Le grand problème à résoudre consiste à faire naître et à développer parmi les masses populaires l'esprit d'ordre qui féconde le travail, et le sentiment profond de cette dignité morale sans laquelle l'exercice des droits de citoyen dégénère en spéculations anarchiques. La puissance publique ne peut trouver ses garanties de stabilité que dans les résultats de ce grand enseignement. Elle doit marcher avec les besoins de chaque époque, tenir compte de tous les vœux, accueillir tous les droits à mesure qu'ils se formulent, respecter toutes les croyances, favoriser tous les efforts. Mais il faut aussi que le peuple ne demande au temps que ce qu'il peut donner, et aux institutions que des réformes graduées. Il faut savoir conserver, pour mériter d'acquérir.

La liberté est fille de la force patiente. Dès qu'il n'y a plus sécurité pour les droits existants, il n'y a plus de société possible. La phraséologie du *Contrat social* de Rousseau, passée à l'alambic des écoles montagnardes, ne parvint à ériger que l'échafaud sur les ruines de la raison humaine. Tous les excès de 1793, toutes les inquiétudes légitimes que nous inspirent les débuts de la nouvelle République dont nous tentons l'épreuve, sont les conséquences logiques et perpétuellement menaçantes de ces divagations de l'intelligence.

Si nous ne voulons pas voir renaître les mêmes excès, les mêmes désastres, pour aboutir encore une fois aux formes de gouvernement les plus vicieuses et les plus oppressives, ou à l'absurde régime d'un sabre impérial, armons-nous contre ceux qui préconisent ou qui excusent la mémoire des crimes de nos pères. Après avoir soutenu tant de luttes pour conquérir la liberté et la gloire, ne livrons pas ces conquêtes, si chèrement achetées, aux cosaques de la rue qui guettent nos dépouilles.

Ce n'est point une croisade que nous prêchons ; nous avons horreur des discordes civiles.

Nous invoquons l'alliance des familles contre les hommes qui n'ont point de famille ;

L'union de la propriété contre les ravageurs ;

La ligue des grandeurs nationales contre les complots des ambitieux sans nom ;

La levée en masse des gens de cœur contre les tirailleurs de carrefours et les héros d'embuscades.

Si, au premier symptôme d'une agression socialiste, chaque garde national descendait seulement devant sa porte, Paris serait couvert en un clin d'œil d'une forêt de baïonnettes. L'anarchie, cernée et garrottée sans coup férir, verrait finir son rôle dans la honte de ses adeptes.

L'union fait la force. Profitons donc enfin des leçons de nos ennemis !

COMMENT PÉRISSENT LES POUVOIRS.

Lorsque Dieu envoie aux nations dépravées les exécuteurs de sa justice, tous les chemins sont aplanis devant eux; ils ont des succès extraordinaires avec des talents médiocres. Ces exterminateurs tirent leur force du mal qui les a enfantés; ils commandent et imposent la soumission, jusqu'à l'heure marquée pour la fin de leur œuvre.

Nous avons vu la dictature conventionnelle, proclamant l'égalité à tête de mort, ériger la république sur les épaules du bourreau.

Quand les victimes lui manquèrent, le géant révolutionnaire s'égorgea lui-même.

La révolution se sentait vaincue à son tour, après avoir vaincu la monarchie. Ses principes ne pouvaient rien fonder; l'avenir ne lui appartenait pas plus qu'il ne semblait appartenir au principe opposé. Elle n'avait eu qu'une puissance de destruction. Ce qu'elle avait renversé tentait en vain de se relever, et cependant les habitudes nouvelles ne reposaient sur rien; la France paraissait condamnée à un provisoire indéfini. Cette commotion formidable ayant bouleversé le sol, aucune grande existence n'était restée debout. Le parti républicain ne luttait plus pour le triomphe de ses principes décapités, mais pour sauver ses débris. Les fonctionnaires et les chefs de l'armée soupiraient après l'avénement d'un pouvoir régulier, qui rendît la paix à l'Europe, et qui garantît leurs positions nouvelles, pour prix de leurs services ou de leur adhésion. La bourgeoisie, décimée par la Terreur, n'entrevoyait de salut que dans une restauration monarchique. C'était la réaction des intérêts sociaux contre les faucheurs politiques. Mais les difficultés étaient immenses. Il fallait laisser au sol le temps de boire le sang versé par les partis. Un peu d'ordre a beau succéder aux crises révolutionnaires, le corps politique, relevé de son agonie, n'entre pas vite en convalescence, et se traîne longtemps encore de chute en chute. Les grands fléaux produisent un étourdissement général, et le *sauve quipeut* d'un impitoyable égoïsme emportent les citoyens que poursuit incessamment le spectre de la mort. Les bienfaits de la révolution avaient disparu dans la terreur. La seule force morale qui survécût à nos désastres, c'était l'armée. Les pourris du Directoire se la disputaient comme auxiliaire de leurs complots; la France l'invoquait comme son dernier gage de salut.

Couronné des lauriers d'Italie et d'Égypte, Napoléon Bonaparte apparaît. Consul, il sauve, empereur, il organise la patrie. La nation se prête avec orgueil à cette personnification suprême de sa souveraineté toujours victorieuse au dehors, et au nom de laquelle tant de rois pliaient le genou; elle se voyait couronnée sur la tête du soldat sorti de ses rangs, elle montait avec lui dans le char sur lequel il parcourait l'Europe.

L'erreur de Napoléon fut de troquer ses épaulettes plébéiennes contre les oripeaux d'une légitimité princière. César par l'épée, par le génie, par la France; fléau, par sa vocation révolutionnaire, des maisons plus anciennes que son trône populaire, il se prit au piége des aristocraties royales qu'il avait humiliées. Consul, Napoléon n'avait pas eu de modèle; empereur, il descendit à l'imitation; monarque légitimé par un autre sacre que celui des victoires, ce n'était plus, aux yeux de l'Europe, qu'un parvenu dont l'ambition n'avait pas visé plus haut qu'un trône. En donnant pour support à son sceptre la quenouille d'une Autrichienne, il amoindrit son rôle aux proportions du rôle d'un chef de famille. Le berceau du roi de Rome réclamait une immense auréole. Il ne fallait pas moins que l'Angleterre asphyxiée par le blocus continental, il ne fallait pas moins que la résurrection d'un empire d'Occident, pour que la trivialité impopulaire du titre de gendre de l'empereur d'Autriche, titre qui avait été celui de Louis XVI, fût absorbée dans le culte du héros.

L'enchantement dura tant que durèrent les prodiges. Mais quand le ciel, coalisé avec l'ennemi, eut enseveli dans les glaces du Nord nos drapeaux tant de fois invaincus, l'Europe se releva tout entière. La trahison venant en aide aux revers, car, en 1814, tout le monde trahissait, à l'exception des soldats et des patriotes prolétaires, on vit l'administration militaire négliger, au milieu de l'abondance des ressources, les plus simples précautions de la défense ; on vit Joseph, frère de l'Empereur, et le conseil de Marie-Louise donner, en fuyant, le signal de la lâcheté ; on vit, à côté de la désertion des généraux enrichis, le sénat impérial ramper sous la lance des Cosaques, pour obtenir le maintien de ses dotations, au prix de l'honneur national.

Entre l'abdication de Fontainebleau et le retour de l'île d'Elbe, se place le retour des Bourbons.

Napoléon reparaît : « C'est une affaire de gendarmes, » s'écrie le maréchal Soult, l'homme que Napoléon lui-même avait honoré de la plus haute des dignités impériales.

Non, ce n'était pas une affaire de gendarmes : c'était peut-être le réveil de la révolution, si le grand capitaine était revenu moins empereur. Mais, la France, saignée à blanc, avait besoin de la paix pour ne point périr. Elle livra sa dernière bataille et fut vaincue par de nouvelles trahisons militaires. Le règne du sabre était usé, celui des libertés constitutionnelles allait naître.

La restauration monarchique pouvait seule alors guérir les plaies de la nation. Le pays a joui, pendant sa durée, de plus de liberté réelle que ne lui en avait donné la République ; jamais le commerce ne fut plus actif ni l'industrie plus prospère. Tout ce que nous possédons aujourd'hui de garanties sociales, de crédit, la vie du gouvernement représentatif, nous le devons aux quinze années de monarchie restaurée. Comment les Bourbons de la branche aînée prirent-ils la France, et comment l'ont-ils laissée ? Qui ne se souvient de la double invasion, de ce territoire désolé, de ce despotisme de soldat, de ce régime de fer qui ne laissait de consolation que dans l'ivresse trompeuse des bulletins de la Grande-Armée, si chèrement achetés et si stériles pour l'avenir ? Les Bourbons nous ont rendu la paix, la liberté de la presse et la renaissance des capitaux fécondants. Qui peut oublier que nous leur devons d'avoir effacé la carte humiliante où l'Alsace et la Lorraine étaient placées sous la rubrique d'*Austria?* Dans toutes les négociations étrangères, même aux jours les plus mauvais, le sentiment de l'honneur national présida aux relations diplomatiques. On ne pourrait citer une seule dépêche, sous la Restauration, par laquelle les intérêts du pays aient été abandonnés.

Malheureusement il avait fallu subir le contre coup des chocs révolutionnaires, et payer à l'Europe coalisée les frais de la longue guerre que nous avions portée dans son sein. Louis XVIII, rappelé par le vœu national, ne trouvait plus que des lambeaux d'armée française ; les champs de bataille de l'Empire avaient dévoré cinq millions d'hommes, la fleur de nos provinces. Il fut obligé de se courber avec la France sous les volontés insolentes de l'étranger. Le 8 juillet 1815, je ne sais quel baron de Muffling, gouverneur cosaque de Paris pour l'empereur de Russie, avait fait placarder sur les murs de la capitale humiliée un décret punissant de mort tout Français qui braverait, de la parole, du geste, ou seulement du regard, les soldats de l'invasion. En ce jour de deuil public, le vieil orgueil de la France s'était réfugié dans le cœur de ses enfants les plus malheureux. Mais hélas! que pouvaient-ils? C'est tout au plus si, au détour des rues désertes, aux angles des carrefours, on rencontrait quelques restes mutilés de nos grandes batailles, murmurant tout bas des malédictions contre l'étranger!

Pendant que la bourgeoisie de Paris se courbait sur le passage des cohortes du Nord, pendant que, sur tous nos théâtres, des auteurs dignes du knout encensaient les Barbares couronnés, cent cinquante mille Vandales pillaient nos musées, et prodiguaient à leurs chevaux le pain qui manquait à nos familles affamées. Sur le Pont-Neuf, deux pièces de canon occupaient le côté sud, de manière à balayer la rue Dauphine ; deux autres, à l'extrémité opposée, enfilaient la rue de la Monnaie. Sur le Pont-Royal, deux pièces battaient la rue du Bac, et deux autres ouvraient la gueule contre les Tuileries. Les quais, les boulevards, les carrefours et les places offraient partout l'aspect de sinistres bivouacs ; et si les quartiers opulents jouissaient d'un certain respect, en revanche, les faubourgs étaient le théâtre du viol et de tous les excès d'une soldatesque effrénée.

Dans les départements, la misère était sans bornes. Huit cent mille étrangers dévoraient nos campagnes.

Voilà, en peu de mots, le bilan des résultats définitifs produits par la révolution de 1789.

L'anéantissement des principes fondamentaux de la société française avait ouvert sous nos pieds le gouffre de l'anarchie.

Pendant que l'anarchie rongeait le cœur du pays, nos forces vives s'étaient usées peu à peu dans les luttes qui nous étreignaient de toute part.

L'Empire avait un moment relevé nos destins.

Le courage de nos armées avait accompli des œuvres gigantesques. Nos drapeaux avaient flotté sur toutes les capitales de l'Europe..

Mais, comme la France épuisée ne pouvait remplir sans cesse les vides causés par la guerre, quand arriva le jour des revers, la capitale de la révolution fut enchaînée à son tour par les vaincus de la veille.

On se demande comment Paris put supporter les horreurs d'un pareil état de siége, sans chercher dans les chances d'une lutte désespérée, à l'exemple des glorieux moines de Saragosse, une tombe préférable au joug insolent de l'invasion ! On se demande comment la France ne s'ouvrit pas comme un volcan sous l'ennemi qui la souillait ! Hélas ! notre malheureuse patrie, épuisée, saignée à blanc, devait boire, jusqu'à la dernière goutte, la lie de tous les outrages. Vaincue par le nombre, il lui fallait encore payer sa rançon. Cernée par les alliés, l'armée de la Loire, qui menaçait encore de s'attacher, comme un brulôt vengeur, aux flancs de l'invasion, l'armée de la Loire fut licenciée. Ce dernier rempart une fois écroulé, l'invasion, maîtresse du territoire, nous signifia ses exigences avec une impitoyable rigueur. Les limites de la France furent réduites à ce qu'elles étaient en 1790. Les fortifications d'Huningue, chef-d'œuvre de Vauban, qui défendaient encore notre frontière du haut Rhin, durent être rasées, et il nous fut interdit de les reconstruire. On stipula une occupation militaire de cinq ans, qui pourrait être réduite à trois années, occupation par cent cinquante mille hommes entretenus à nos frais, et une contribution de sept cents millions. Les indemnités à payer à chaque puissance s'élevaient à une somme plus forte, en tout quinze cent trente-cinq millions.

Telles furent les conclusions des traités de 1815.

On y ajouta pour complément une annexe, sous forme de convention entre l'Autriche, l'Angleterre, la Prusse et la Russie. Cette annexe est un acte de suspicion diplomatique, une assurance mutuelle des puissances coalisées contre nous. C'est, de plus, une menace permanente d'intervention armée dans nos affaires intérieures; c'est la négation la plus insolente de notre indépendance politique, sous prétexte de se préserver d'un nouveau mouvement révolutionnaire. La coalition, appelant la stratégie à l'aide de ses doctrines, s'y emparait de nos têtes de pont et de nos points avancés, afin de marcher en France au premier signal, d'être à Paris en soixante heures, et d'y étouffer, à sa naissance, toute tentative réprouvée par elle. La France, mise au ban de l'Europe aristocratique par ces infâmes traités, se trouvait en état de haute surveillance.

Louis XVIII vécut paisiblement à l'ombre de ce protectorat. Louvoyant à travers les partis, faute de puissance pour les vaincre, il allongea son règne de concessions en concessions. Charles X, en voulant refaire la monarchie personnelle, absolutiste et sacerdotale, ouvrait l'avenir au duc d'Orléans, chef de la branche cadette, ennemi secret, doué d'une adresse rare et d'un esprit d'intrigue développé à l'école d'une vie aventureuse.

Pendant les luttes de Juillet 1830, dont les souvenirs sont encore vivants, le duc d'Orléans s'était tenu prudemment à l'écart. Ami de la cour, son poste d'honneur était près du roi ; ami du peuple, on eût dû le voir au milieu du péril. Il ne se montra nulle part, mais ses agents secrets étaient partout. Aux révolutionnaires qui voulaient l'associer à l'exil de la branche aînée, ces agents répondaient qu'on devait tenir compte de la situation d'un homme forcé de voir des parents dans les oppresseurs de son pays ; qu'il s'était assez compromis aux yeux de la branche aînée en s'entourant, depuis quinze ans, de personnages par qui l'insurrection était applaudie ; qu'il n'était pas juste d'oublier que, pendant quinze ans, les salons du prince avaient été ouverts à toutes les victimes de la tyrannie bourbonnienne, et qu'au lieu de proscrire un homme puissant par sa position et ses richesses, il fallait le placer sur le trône, seul moyen peut-être d'en fermer irrévocablement la route à Charles X. Les promesses habilement semées en son nom par Laffitte et Lafayette précipitèrent le dénoûment de cette comédie qu'on pourrait appeler une conspiration de palais, et le duc, devenu roi, ne se crut pas longtemps lié par les vagues espérances de glorieux avenir dont la France se berçait en acceptant sa tutelle.

L'histoire de ce nouveau règne peut s'écrire en quelques lignes. Il n'y eut rien de nouveau en France, que des tendances d'absolutisme plus voilées.

Cependant on se disait de toute part que si la

Restauration n'avait pu par considération pour les services que lui avaient rendus les souverains alliés, consolider à jamais l'indépendance de la France, la Révolution de Juillet pouvait, par sa seule force, revendiquer et asseoir à jamais nos anciennes libertés. Se poser en face de l'Europe, reprendre ses frontières naturelles, se relever de la honte des traités de 1815, c'était son droit, c'était son devoir. C'était ce que nous attendions tous de cet effort surhumain qui n'avait pas seulement renversé une monarchie pour la remplacer par une autre, mais qui était une protestation éclatante contre l'Invasion et l'abus qu'elle avait fait de nos malheurs. L'Europe, effrayée d'une attitude devenue ainsi imposante, aurait cédé devant la justice de notre droit consacré par les victoires de la République et de l'Empire, et remontant d'ailleurs jusqu'aux grandes années de Louis XIV.

Le gouvernement de Juillet n'a pas repris les provinces rhénanes, pour ne pas se brouiller avec le roi de Prusse. Il n'a pas accepté la Belgique, qui venait à nous, pour ne pas se brouiller avec l'Angleterre. Il a laissé étouffer la Romagne, pour ménager l'empereur d'Autriche. Et la Pologne, dont les enfants ont couvert tous nos champs de bataille, il l'a laissée périr, après l'avoir trompée, pour ne point déplaire à l'autocrate du Nord.

Voilà ce qu'on disait partout et bien haut, avec cette énergie qui prépare les soulèvements. L'agitation révolutionnaire montait du sein de la foule jusqu'au sommet des régions parlementaires, lorsqu'arriva l'ouverture des Chambres.

Le 27 décembre 1847, à 11 heures du matin, lorsque le Paris élégant dormait encore dans les premières brumes d'hiver, une double haie de soldats occupait en silence la rive droite de la Seine, depuis les Tuileries jusqu'au palais Bourbon. La circulation des citadins faisait halte, sur la rive gauche, aux abords des ponts. Une épaisse nuée d'espions, plus sinistres que le ciel de ce jour funèbre, se traînait lourdement le long des quais et des rues adjacentes. Le froid et la neige aidant aux précautions de police, les gens du peuple, attirés par ce déploiement de forces, étaient moins nombreux que les baïonnettes échelonnées pour les tenir à distance.

Les membres des deux Chambres arrivaient peu à peu, presque isolément; les Députés en frac noir, à pied pour la plupart, et le front soucieux; les Pairs, en costume de cour, cachant leur indifférence officielle derrière les glaces du carrosse obligé. Ce morne acheminement d'un cortége d'hommes d'affaires et de nobles greffés en roture conduisait à la dix-huitième exhibition annuelle de la monarchie bourgeoise. Le péristyle du palais Bourbon ressemblait de loin à ces temples antiques, déchus de leurs dieux exilés; et si la pompe manquait au dehors, l'intérieur du monument n'offrait pas plus de prestige.

Des tentures fanées couvraient de plis avares le tableau qui représente l'élu de 1830 prêtant serment à la charte. Cette page d'histoire, voilée tous les ans par le tapissier des Menus-Plaisirs, n'attendait plus que le frottement d'une blouse pour achever de disparaître. Sur le bureau de la présidence et la tribune parlementaire, vacillait un fra gile plancher, chargé d'un trône mesquin. Dans les tribunes réservées et l'hémicycle supérieur, posaient en cariatides quelques rares diplomates au masque impassible, et ces curieux privilégiés pour qui rien n'est leçon, devant qui tout est spectacle.

Une heure sonne. Les pairs ont pris place sur les bancs du côté droit; les députés occupent ceux du centre et de la gauche; les grands fonctionnaires de l'État sont placés au rang que l'étiquette leur assigne, et presque aussitôt, tous les regards se portent vers la tribune royale. La reine y paraît la première. Calme sous sa pâleur, on dirait qu'elle enveloppe dans sa pieuse résignation les malheurs de l'avenir avec les épreuves du passé. Puis entre, guidé par sa mère, le comte de Paris, pauvre fleur arrosée de larmes, frêle espérance qui sourit, appuyée sur le deuil. Enfin s'offrent aux regards, brillantes et insoucieuses, les jeunes princesses, dont la souffrance n'a point encore assombri l'auréole.

Le chef des huissiers annonce le ROI. De rares acclamations saluent ce nom depuis longtemps sans prestige. L'Assemblée se lève,... parce que c'est l'usage. Le royal vieillard monte lentement les degrés du trône, s'incline, s'assied, et se couvre, pour lire ce programme invariable, mêlé de banalités et de réticences, que la coterie ministérielle impose chaque année à la monarchie parlementaire.

Comment juger cette oraison funèbre de la Couronne, prononcée d'une voix presque éteinte par les pressentiments d'une catastrophe? Aux cris de l'immense misère du peuple, entre une année rongée par la disette et l'épuisement du trésor, tari par les corruptions politiques, le gouvernement responsable osait forcer la bouche du vieux roi à souffler le feu de la révolution. Des paroles imprudentes, les mots de *passions ennemies ou aveugles* sont prononcés. C'est l'acte de divorce de la royauté.

Depuis quelques mois, l'agitation légale, propagée ou applaudie, fermentait dans plus de cinquante départements. Depuis dix-huit ans, le fantôme de la monarchie descendait en silence la pente des abîmes, et, tout près de disparaître, il allait s'éclairer d'une lueur sanglante.

L'opposition parlementaire mesura d'un coup-d'œil la portée des événements. Armée, dès le lendemain, d'une assurance hautaine, elle releva le gant du Pouvoir et accepta le duel comme une victoire. Que la Majorité ne se gêne pas plus que le ministère ; qu'aux injures dont elle a pris l'initiative elle ajoute les siennes : l'Opposition accepte la part qui lui est faite. Le pays va voir si l'accord des grands pouvoirs suffit, comme on le dit, à surmonter tous les obstacles, quand la vie morale s'est retirée d'eux, quand le souffle de la nation ne les anime plus.

Lorsque le cortége royal reprit le chemin des Tuileries, des rafales de neige avaient balayé la foule oisive qu'on rencontre sur le chemin de tout ce qui passe à grand bruit.

Depuis bientôt dix-huit ans, les partis hostiles à la royauté avaient été gagnés, compromis ou comprimés. Le temps n'avait pas manqué pour donner à la condition du peuple les améliorations sur lesquelles il avait le droit de compter. Et cependant, à l'intérieur, quel spectacle! L'éternelle exploitation de la misère et de l'ignorance, au profit de quelques priviléges; la presse garrottée par le fisc, et saignée par les septembriseurs de la pensée; le budget national augmenté, après trente ans de paix, jusqu'à d'effrayantes proportions, pour arriver, d'emprunts en emprunts, à un déficit de huit cents millions.

Mais pendant les agitations de la cohue législative, un orage se forme. Au bruit des scandales que chaque jour voit éclore dans les plus hauts rangs de la société, et jusque dans la sphère des pouvoirs publics, la vieille question de la réforme parlementaire bat le rappel de ville en ville. Soixante-dix banquets réformistes ont rallié, sur tous les points de la France, soixante-dix bataillons révolutionnaires..

Comme une lampe se ranime pour jeter, avant de s'éteindre, un suprême éclat, le Pouvoir a tressailli.

D'où lui vient cette ardente terreur? C'est que le soixante-onzième banquet allume sa cuisine au milieu des taudis du faubourg Saint-Marceau; c'est que le soixante-douzième prépare peut-être ses tables à la place où fut la Bastille; c'est que, du faubourg Antoine au faubourg Marceau, la réforme n'a qu'un pont à franchir, pour donner la main à deux armées.

La politique d'inertie se transforme en politique à outrance. En France, à Paris surtout, terre de contradictions, où l'on joue à l'imprévu, où les révolutions ne sont guère que des accidents, le *veto* gouvernemental aiguisa les esprits. La commission des banqueteurs jurait que, forte de son bon droit, elle persistait à cuisiner, envers et contre toutes les tyrannies, et qu'elle ajournait la fête, à la prière des députés-convives, jusqu'à la fin de la discussion de l'Adresse.

Pendant ces escarmouches de coulisses, le souverain pontife de la corruption politique voyait ses mystères traînés au grand jour. Voici l'heure où les pouvoirs qui ont méconnu l'inévitable loi du progrès, oublié les engagements pris par eux, où les princes eux-mêmes, qui se croient en dehors des obligations communes à tous les hommes, affranchis des nécessités de notre nature et des devoirs de la conscience, peuvent se dire avec effroi : Les temps sont difficiles et inquiétants. Ce n'est jamais impunément qu'on manque à ses promesses, prince ou fils du peuple. Qu'on emploie la ruse ou la force ouverte, le chemin qu'on parcourt sur la route de la contre-révolution plonge tout-à-coup dans un gouffre. Au-delà et au-dessus des pouvoirs constitués, plane un pouvoir souverain, c'est le pays.

La Chambre avait traîné en longueur la discussion de l'Adresse. Les deux éternels adversaires, Guizot et Thiers, avaient rompu toutes leurs lances, sans parvenir, le premier à sauver l'honneur de sa cause, le second à porter un coup décisif. Au couple fatigué va succéder une nouvelle mêlée. Le dernier, le plus brûlant paragraphe de l'Adresse servira de champ clos. Ce que ni les événements européens, ni l'infamie des consciences clouées au pilori de la tribune, ni la misère publique n'avaient pu produire : *une question de cabinet*, c'est une question de fourchette, plantée au cœur du ministère, qui en aura toute la gloire. La France, représentée par les commissaires d'un banquet, sera le juge du camp. Voyez comme à peu de chose tiennent les destins des empires !

La majorité parlementaire, en possession du pouvoir et des avantages qu'il procure, trouve très-inopportun tout ce qui tend à troubler ce paisible accaparement. Ainsi les banquets qu'elle jugeait excellents quand il s'agissait, au moment d'élections générales, de gagner par des promesses menteuses les électeurs ventrus ou bornés, elle les proclame anarchiques dès qu'ils ont pour objet de prouver aux électeurs que les élus se sont moqués d'eux. Le ministère s'arme tout-à-coup d'une vieille loi de 1790, dont il refait la pointe, en limant son préambule et rajustant ses motifs. Toute arme est bonne à qui a besoin de frapper.

Pauvre majorité! pauvre ministère! s'écrièrent les radicaux. Vous nous reprochez d'avoir parlé de tout dans les banquets. Nous y avons, il est vrai, parlé de beaucoup de choses. C'est pour cela que nous nous réunissions; mais il est certaines choses dont nous n'avons pas parlé. Ainsi, nous n'avons point parlé du voyage de Gand. Non, nous n'en parlons plus, du jour où votre aveuglement en est venu au point de faire frapper une médaille en l'honneur de M. Guizot; parce que, en perpétuer le souvenir, c'est en perpétuer le châtiment. Mais nous avons beaucoup parlé de l'envahissement de la Chambre par les fonctionnaires publics, et de l'envahissement des fonctions publiques par les députés. Mais nous nous sommes élevés contre la position exceptionnelle d'hommes qui ne remplissent pas leurs fonctions, et qui néanmoins en reçoivent les honoraires; d'hommes qui, dans la Chambre, forment un élément toujours croissant, mais toujours subordonné; et vous ne pouvez pas le nier, vous membres de la majorité, qui avez laissé frapper au milieu de vous un fonctionnaire qui voulait se montrer indépendant. Mais nous ne pouvions pas parler de tout, parce qu'à l'époque où commencèrent les banquets, nous ne savions pas tout. Nous ne savions pas, par exemple, que les fonctions de la magistrature étaient l'objet d'un trafic honteux. Nous ne savions pas que, sous l'abri d'un abus toléré jusqu'ici, la nomination aux fonctions publiques était devenue un moyen de se maintenir au pouvoir, et que même, lorsque les places venaient à manquer, on allait jusqu'à rançonner les postulants, pour faire naître les vacances nécessaires. Nous avons aussi beaucoup parlé de la corruption électorale ; où en parlerions-nous ailleurs que dans les banquets? Qu'y avait-il de mieux à faire que de porter la question sur le terrain même où s'exerce la corruption? Là sont les corrompus et les corrupteurs. Vos journaux stipendiés ne nous ont pas épargné les injures. Permettez-nous de vous dire qu'elles n'ont pas touché; nous savons ce qu'elles valent par ce qu'elles coûtent. Vous nous reprochez d'avoir voulu agiter le pays. Mais il vaut mieux agiter que corrompre. Comment s'exerce la corruption? Elle isole les hommes, elle les prend dans l'ombre, elle s'adresse aux passions égoïstes. En nous adressant directement au pays, nous avons voulu faire le contraire. Nous avons réuni les hommes, et, devant eux, nous avons cherché à combattre les funestes doctrines que vous cherchez à faire germer. Nous avons combattu l'égoïsme par le patriotisme, évoqué les gloires de la France pour effacer trente années de hontes politiques; et, à notre appel, les passions généreuses ont répondu ; la réaction de l'honnêteté a commencé. C'est la conduite du Gouvernement, c'est la conduite de la majorité, s'obstinant à absoudre toujours le ministère sans pouvoir le laver, qui a dicté la nôtre. L'opposition, sans doute, a sa responsabilité ; quiconque est investi d'un pouvoir a la sienne. Or, en présence d'un pays éveillé sur son honneur, sur ses intérêts, sur ses droits, il n'y a que deux voies à prendre : d'une part, consulter le vœu du pays et le satisfaire ; de l'autre, la violence et les coups d'État. C'est ce dernier parti que vous avez choisi : gardez-en la responsabilité.

Ce langage allait droit au but. Une guerre implacable était déclarée.

Il y a, dans la vie des corps politiques, des instants de vertige qui entraînent leur chute, quand l'heure des révolutions va sonner. Dans cette majorité qu'égarait la tempête, il ne se trouvait plus un homme pour comprendre et pour proclamer, au-dessus des passions, qu'en dehors de la royauté et des Chambres législatives il existe, pour les cas extrêmes, un arbitre souverain ; que l'urne qui contient la loi ne contient pas le pays, et que, chez un peuple libre, l'opinion publique domine tous les pouvoirs. Pas un de ces députés, gorgés des faveurs ministérielles, ne se rappelle que le Jeu de Paume de Versailles était un lieu de réunion fermé par des ministres, et ouvert par la nation elle-même.

Deux urnes, l'une blanche, l'autre noire, furent apportées sur la tribune. 228 voix sur 413 gagnèrent la bataille ministérielle en infligeant la flétrissure de l'Adresse aux députés banqueteurs.

2 voix de majorité avaient proclamé la royauté de Louis-Philippe.

21 voix de majorité la poussaient dans l'abîme. Ce chiffre 21 rappelait une date sinistre.

Le 18 février, l'Opposition parlementaire adressa aux commissaires du banquet la lettre suivante : « Nous avons reçu l'invitation que vous nous avez fait l'honneur de nous adresser pour le banquet du 12ᵉ arrondissement de Paris. Le droit de réunion politique sans autorisation ayant été nié par le Gouvernement, nous voyons dans ce banquet le moyen de maintenir un droit constitutionnel contre les prétentions de l'arbitraire, et de le faire consacrer définitivement. Nous regardons, dès lors, comme un devoir impérieux d'accepter votre invitation. »

Les principaux signataires étaient MM. Odilon Barrot, François Arago, Crémieux, Dupont (de l'Eure), Garnier-Pagès, Lamartine, Marie, Ledru-Rollin, etc.

C'était un appel au peuple et à la révolution, une révolte ouverte contre le gouvernement, par des hommes qui, au pouvoir, eussent, pour la plupart, condamné cet appel, cette révolution, cette révolte. Mais ces hommes n'étaient rien et pouvaient tout devenir. Ils jouaient le grand jeu ; le gain de la partie devait les payer richement. Si je m'exprime aussi sévèrement, c'est qu'on vit ces mêmes hommes, à l'heure du danger, déserter la cause pour laquelle ils avaient appelé le peuple dans la rue.

En effet, le 20 février, des proclamations de la Police et du Ministère ayant menacé de repousser les banqueteurs par la force, les mêmes grands hommes qui flairaient la révolution, et dont quelques-uns devaient monter au Pouvoir sur les cadavres du peuple, annoncèrent par écrit leur abstention personnelle, colorée d'un amour de la paix qui n'était pas dans leur cœur. Mais qu'était-ce donc que cette Opposition parlementaire? Elle parlait, dans son factum, de mettre le ministère en accusation devant la Chambre! mais n'eût-on pas dû l'accuser elle-même devant le pays? Après avoir agité la nation pendant six mois; après avoir appelé, de tous les coins de la France, les citoyens à une manifestation dont elle proclamait la légalité; après avoir désigné pour lieu de réunion, aux Champs-Élysées, le terrain que le Pouvoir lui-même eût choisi pour couvrir l'émeute de mitraille; après avoir averti le gouvernement, pour qu'il pût prendre toutes ses mesures de violence; après avoir provoqué, attiré un effroyable conflit sur la place publique, elle disparaît!...

En son absence, le sang a coulé; la révolution s'est accomplie. L'Opposition revient confisquer furtivement les fruits du triomphe. Tous les hommes de cœur et d'intelligence purent comprendre dès-lors que ce nouveau gouvernement, sorti des caves de la peur, n'avait eu d'autre ambition, d'autre but que le Pouvoir à tout prix. Ses actes prouvèrent bientôt que l'honneur de la France était son moindre souci. Le chef de cette cohue, véritable usurpatrice de la souveraineté nationale, Lamartine, qui avait proclamé la République, osa signer, en qualité de membre du Gouvernement provisoire et de ministre des affaires étrangères, dans sa circulaire du 2 mars, adressée aux agents diplomatiques, la confirmation des infâmes traités de 1815 et de trente années d'humiliation politique!

Voilà le résumé de la République inaugurée le 24 février par l'ancien garde du corps de Louis XVIII, par le chantre du sacre de Charles X, par l'auteur du roman révolutionnaire des Girondins, par le poëte adulateur de tous les régimes, par le gentilhomme de la Restauration, qui supprimait, en 1848, les titres de noblesse, pour capter les suffrages des faubouriens de Paris.

Il n'est, au reste, plus besoin de faire le procès des hommes de 1848. Quelques-uns sont dans l'exil, et nous n'avons pas le triste courage d'insulter au malheur. Quant à ceux qui sont tombés sous le mépris de la saine partie de la nation, ils n'ont pas manqué de juges, même au sein des convives de leur pouvoir éphémère. Toutes les ingratitudes comme toutes les rancunes les ont assaillis dans leur chute: déplorable mais juste châtiment du rôle indigne qu'ils avaient essayé de prolonger aux dépens de l'honneur national.

Pour nous, qui ne leur devons personnellement ni reconnaissance ni haine, notre droit est de peser la valeur de leur œuvre, et de mesurer l'énormité de leurs prétentions à l'admiration du genre humain. Certes, la république était une grande idée ;

mais ses soi-disant restaurateurs n'y pensaient guère, au moment où Louis-Philippe déserta son palais. L'histoire, plus impartiale que les panégyristes du Provisoire, dira que le premier cri de Vive la République fut poussé par une femme qui, arrivant du faubourg Saint-Germain à la tête d'une cinquantaine d'hommes, fit enfoncer par ses compagnons la dernière porte de gauche, située sous le fronton de la Chambre des Députés. Cette nouvelle Théroigne de Méricourt, vêtue de noir et montée sur un petit cheval blanc, était armée d'un sabre et d'un pistolet de grosse cavalerie. Un homme qui l'accompagnait en manière d'écuyer mit en joue le président Sauzet, et creva d'un coup de feu le portrait de Louis-Philippe qui décorait la salle des Députés. Aucun député ne saurait donc revendiquer l'honneur ou le courage d'avoir crié le premier Vive la République; et les amateurs de république ne savaient ce qu'ils voulaient, puisque leur premier cri ne fut pas Vive l'honneur de la France! puisque leur premier acte de souveraineté ne déchira point, devant la France, les titres de sa vieille humiliation.

Il est vrai qu'en revanche, ce gouvernement débuta par faire abattre la statue consacrée, dans la cour du Louvre, à la mémoire du jeune et infortuné Prince Royal, dont le souvenir sera toujours cher à la France. Il serait triste, au surplus, d'énumérer toutes les platitudes du nouveau régime dont nous ont dotés, quelque temps, Lamartine et Cie. Le silence est aussi une leçon; puissent-ils en profiter pour l'avenir!

Que de cette épreuve à jamais regrettable, que de ces fautes accumulées à plaisir par la vanité, la sottise ou la trahison, sorte du moins un avertissement pour les dupes, et un enseignement pour les simples d'esprit. C'est que vainement l'esprit des hommes s'épuise en vœux, en créations de systèmes, ou en restauration de défroques politiques. Ils ne feront pas que ce qui sort invinciblement de la dislocation de la société présente ne soit la nécessité du pouvoir. On brise un pouvoir, c'est pour arriver à un autre. Le pouvoir est le besoin profond, interne, secret de tous les hommes; c'est le but de tous les révolutionnaires qui prêchent l'anarchie sur les toits. On se fait illusion peut-être dans ses aversions ou dans ses violences. Mais en même temps qu'on adopte une philosophie politique qui va à l'extermination de tout pouvoir, on est poussé par un penchant invincible vers la conquête de la puissance. Entre tous les partis qui s'acharnent en France les uns contre les autres en agitant le drapeau d'une liberté menteuse, il n'en est pas un qui ne soit contraint d'avouer qu'il combat pour dominer à son profit. L'égoïsme et la cupidité se cachent trop souvent sous le manteau des vertus civiques. Heureux si les leçons d'une expérience tant de fois renouvelée à nos dépens pouvaient convaincre enfin les masses qu'il est un terme au-delà duquel on ne peut réformer sans détruire, et que, se flatter d'atteindre la perfection sous la conduite de certains idéologues, c'est concevoir l'absurde projet d'enchaîner les passions humaines et de réaliser ici-bas les fables de l'âge d'or. Les peuples ne sont jamais plus loin de la liberté, que lorsqu'ils en font le plus de bruit.

De tout cela et de tout ce qui précède, on ne peut tirer qu'une conclusion, à savoir : que des symptômes de mort s'agitent sous nos pas. Pour qui sont-ils? c'est là la question. Quelque chose est menacé de périr dans le monde, on n'en peut plus douter. On entend dans l'État cette plainte extraordinaire qui toujours a annoncé de près une ruine dans l'histoire. On ne sait quelle chose, mais une chose va tomber, si on n'y prend pas garde. Reste donc, pour la sauver, à découvrir ce qu'elle peut être, et de quel côté elle est.

Est-ce la France?

Non, la France ne périra pas. Bien des institutions semées à sa surface peuvent changer ou disparaître; bien des cœurs, qui battent pour elle, peuvent être frappés de mort, mais non pas elle. Plus sa misère actuelle nous étonne, plus il devient évident qu'elle recèle en elle des destinées nouvelles. C'est un simulacre de ruine, comme d'autres nations ont des simulacres de grandeur. D'autres peuples sont plus riches, plus heureux, doués d'un meilleur soleil; dépouillée et nue, telle qu'on l'a faite, la France est encore plus belle dans son délabrement qu'ils ne sont beaux dans leur puissance; dépossédée et les pieds nus, elle conserve entre eux tous quelque chose de royal. On a beau la pousser dans la rue, on voit d'où elle descend et où elle remonte. Que nos vieux ennemis se vantent, eux, tant qu'ils voudront. Nous ne donnerions pas la misère actuelle de la France pour toute leur gloire; nous ne changerions pas leurs royautés, ni leur ambition couronnée, contre cet embryon d'avenir que la France emporte et cache sous sa pourpre en lambeaux.

Notre race est le Protée des libertés modernes. Rien ne lui coûte pour changer de forme en gardant sa pensée. Vous terrassez en elle le génie du dix-huitième siècle, et vous allumez l'incendie révolutionnaire. Vous éteignez l'empire, et vous retrouvez dans vos mains le génie de 89. Vous lui liez les mains, et son esprit vous submerge; ou vous tarissez son esprit, et c'est son bras qui vous tue. Il faut choisir. Le pouvoir a beau regarder en arrière, nos destinées grandissent et montent vers les sommets d'un mystérieux avenir. L'Europe d'aujourd'hui conspire en vain contre nous; elle croit n'avoir qu'à se pencher, pour ramasser les parts de notre territoire; et quand elle se baissera, au lieu de villes et de champs reconquis comme aux jours de l'Invasion, elle ne relèvera de terre que des idées armées, et des faits accomplis qui renversent, en une heure, des royautés d'un jour, comme des royautés de mille années!

En attendant le prix glorieux réservé à nos suprêmes efforts, faisons donc des révolutions morales qui honorent notre histoire; c'est le droit d'un peuple digne de remonter à la hauteur de ses traditions. Mais ne souillons plus le nom français par des Saturnales d'esclaves.

L'esprit des derniers temps a été emprisonné dans un cercle étroit, au milieu de la confusion et des ténèbres. Que de cœurs généreux se sont épuisés en vains efforts pour sortir de cette prison! Cette force mystérieuse qu'on nomme le *mouvement* a constamment prévalu contre tous les efforts. De là l'instabilité des gouvernements, les revirements de la fortune politique, les continuelles subversions qui mettent dessous ceux qui étaient dessus, et dessus ceux qui étaient dessous. De là le déplacement des intérêts, l'éphémère durée des réputations, les variations des écrivains, les parjures des consciences.; car, quelles chaînes morales peuvent retenir les corps qui se précipitent? De là enfin l'inconsistance des hommes et des choses.

Qui pourrait nous retenir dans ce cercle vicieux? L'amour de l'ordre matériel? Mais l'ordre matériel ne s'y trouve pas. Les richesses, les intérêts, le désir du bien-être? Mais nous n'y voyons plus que la détresse et la ruine. Serait-ce l'ambition et la soif du pouvoir? Mais dans ce cercle il n'y a plus de pouvoir pour personne. Les ministères ne sont plus que des places démantelées, où tout le monde peut entrer, où personne ne peut se maintenir. La royauté même, que pourrait-elle?

Le pouvoir public ne saurait se refaire qu'à son

origine, c'est-à-dire dans la volonté nationale.

Les questions se simplifient; les anciennes dénominations de partis n'ont plus de sens; les opinions, que les événements ont déçues, se rapprochent et s'entendent; l'unité se reforme derrière la révolution, sur le terrain de l'intérêt général.

Encore un pas, et un grand siècle peut naître du triomphe de la vérité et de la raison.

Mais, on ne saurait trop le redire, ce pas à faire est immense; il doit franchir un gouffre où le moindre vertige peut entraîner le pays.

Si nous laissions se former, ou si la fatalité nous imposait, pour gouvernants futurs, une réunion d'hommes engagés dans l'affreuse solidarité du mal, et si ces hommes parvenaient à posséder transitoirement le pouvoir suprême sous le titre pompeux de *socialisme*, nous serions tous en péril de vie.

Jugeons de cet avenir supposé par la trop funeste réalité du passé.

Un jour, des révolutionnaires audacieux montent sur les épaules du peuple. L'ivresse du pouvoir les tourmente. Ils sont entourés de protestations et d'obstacles. Dans le langage de leur orgueil ces obstacles prennent des noms d'hommes. On leur applique des noms de partis, des noms de classes; de ceux qu'on ne peut classer on fait des suspects; et les meneurs de la nation frémissante pensent qu'en tuant des hommes, des partis, des classes entières, les obstacles seront détruits. Plus ces tyrans sont faibles, plus ils sont violents et cruels. Ne pouvant se développer et s'étendre au milieu d'une nature qui résiste, ils se concentrent dans leur colère. Ils savent qu'il faut frapper l'imagination du vulgaire pour le dominer; ils savent que la peur grossit les dangers, multiplie les frayeurs et les vertiges, isole les résistances. Ils font des institutions pour chercher, pour atteindre des victimes, pour remplir les prisons, et pour alimenter l'horrible activité des échafauds. Les plus modérés, les plus philanthropes d'entre eux demandent des têtes par milliers, pour n'avoir pas, disent-ils, à les demander plus tard par millions. Leur philanthropie, pour ne sauver qu'eux, ne reculerait pas devant une immolation universelle.

Cependant l'activité s'épuise dans ces violences; le dégoût suit les excès; le fer des échafauds s'émousse, le bras des bourreaux se fatigue, les tyrans vieillissent et l'énergie du mal a besoin de repos. La perversité veut s'essayer à jouir de ses conquêtes; elle s'arrête, elle sent la nécessité de faire quelques concessions. Les mots de modération, d'ordre public, de règne des lois, proscrits la veille, sont balbutiés le lendemain. Alors la réaction commence: quelques instruments des misères publiques sont brisés, quelques forcenés sont sacrifiés par leurs complices; et puis le calme se fait, il est vrai, mais c'est le calme d'un cimetière, sur des ruines; et la patrie agonisante tombe aux bras d'un despotisme quelconque, qui étend la liberté dans le tombeau des révolutionnaires, à côté de leurs cadavres.

C'était là notre histoire il y a un demi-siècle.

Ce sera peut-être notre histoire demain.

Ne voyez-vous pas que nous sommes ENTRE DEUX ABIMES ?.....

IV

AGONIE

ET FIN DE LA RÉVOLUTION.

La République est constituée de nouveau. Tous les bons citoyens doivent s'incliner avec respect devant le fait accompli, jusqu'à ce que l'heure légale soit venue de réviser les conditions d'existence du gouvernement qui nous régit. Mais notre droit d'appréciation n'en subsiste pas moins tout entier, pourvu qu'il s'enferme dans les limites d'un examen dépouillé de toute irritation, pourvu qu'il se subordonne aux nécessités d'ordre qui dominent les circonstances actuelles, pourvu qu'il n'ait d'autre tendance que de fortifier la puissance publique au profit de la société.

C'est parce que nous n'appartenons à aucun parti, qu'il peut nous être permis d'envisager, d'un coup d'œil plus libre et plus désintéressé, la situation du moment, et l'avenir, peu éloigné selon nous, où la France, lassée de tant de fatales vicissitudes, sentira la nécessité de replacer ses destins sous l'égide protectrice d'un pouvoir fortement constitué, au-dessus de toutes les ambitions qui en convoitent l'héritage.

Les partis sont inévitables, indestructibles même dans un pays libre ; c'est un fait qu'on perd de vue ou qu'on ne veut pas comprendre. Dans nos funestes et trop longues dissensions, un parti veut toujours écraser l'autre. S'ils se pénétraient bien de la nécessité de se supporter, ils se calmeraient et finiraient peut-être par s'entendre.

Les partis se composent ordinairement :

Ou des hommes qui, en petit nombre, cherchent avec ardeur et désintéressement le triomphe de leur opinion, c'est-à-dire la théorie de gouvernement qui leur semble devoir assurer le bonheur commun ;

Ou des hommes qui, aimant mieux faire curée des fonctions publiques que de s'occuper de travaux productifs, cherchent à vivre aux dépens de la nation en la gouvernant.

Comme ces derniers sont extrêmement nombreux, et que le pouvoir qui dispose de l'argent de la nation ne peut les satisfaire tous à la fois, ils se divisent en deux classes : ceux qui ont des places et ceux qui en veulent avoir.

Quand le gouvernement est bon, c'est-à-dire quand il applique sa puissance au développement et à la protection des intérêts généraux, il a pour appui la majorité nationale, contre laquelle les ambitieux et les conspirateurs ne sauraient prévaloir.

Quand le gouvernement est mauvais, c'est-à-dire quand il ne représente que la satisfaction d'une certaine classe d'intérêts, il n'a pour appui que le parti dirigeant. L'opposition se forme au sein de la nation. Les ambitieux, les intrigants, les utopistes deviennent les meneurs de cette opposition, et les catastrophes se préparent.

Qu'est-ce que la nation? C'est un être collectif qui n'est d'aucun parti, mais qui les comprend tous; qui veut la liberté pour produire et acquérir, la sécurité pour recueillir et conserver, l'égalité devant la loi. La nation, c'est la *raison sociale* sous laquelle sont réunis tous les intérêts combinés, même ceux des partis opposés.

La nation peut être momentanément entraînée, séduite, subjuguée par un parti; mais elle reprend bientôt son assiette naturelle.

Pourquoi la majorité nationale a-t-elle été si souvent opprimée par la minorité, c'est-à-dire par les partis, les factions ou les intérêts à part? C'est qu'elle a été jusqu'ici trop facile à tromper sur le véritable caractère de ses intérêts généraux. Mais à mesure qu'elle s'éclaire par l'expérience des révolutions, à mesure qu'elle reconnaît qu'en dehors de l'ordre et du progrès conservateur des véritables libertés il n'y a pour elle que duperies et désastres, elle devient moins accessible aux déclamations et aux promesses menteuses des flibustiers révolutionnaires.

Si des minorités usurpatrices parviennent de temps à autre à escamoter ou à prendre d'assaut le pouvoir social, c'est que ces minorités sont organisées pour la surprise ou pour l'attaque, tandis que la majorité ne l'est point assez pour la résistance.

Tout parti qui s'empare du gouvernement procède, dès qu'il triomphe, à l'épuration de ses propres éléments. Il rejette ou proscrit les hommes d'opinions plus modérées qui ont travaillé à le soutenir, à lui frayer la voie quand il masquait son but, et qui veulent, trop tard, enrayer ses volontés.

Pendant qu'il exploite sa position, les opinions éliminées, les ambitions non satisfaites, les partis vaincus, même les plus opposés entre eux, et enfin les intérêts nationaux, se rapprochent et se rallient contre lui. Le parti dominant, diminué de tous les mécontents qu'il a faits, s'use par ses excès ; il tombe. Heureuse la nation, s'il n'était pas remplacé par un autre parti ! Mais, en France, hélas ! où la conquête du pouvoir à tout prix est l'objet principal, où le dévouement au bien public est si rare, où l'on organise toutes choses, excepté la manifestation loyale des intérêts généraux, le gouvernement n'est, depuis soixante ans, que la cible des partis.

Au-dessus des ambitions qui convoitent la puissance, au-dessus des partis qui assiégent la société, s'élève la France réelle, avec tous ses grands intérêts matériels et moraux, avec ses traditions, ses croyances, ses nécessités de vie.

Devant cette France réelle, composée de tout ce qui *possède* et de tout ce qui *travaille*, de tout ce qui réclame *liberté* pour *produire* et *sécurité* pour *conserver*, deux grandes questions sont posées depuis deux ans :

1° La République est-elle la forme de gouvernement qui assure au pays le plus de garanties d'ordre et de prospérité?

2° Le retour d'un pouvoir constitutionnel, stable et héréditaire, est-il possible, désirable, nécessaire, dans un avenir plus ou moins éloigné?

Pour essayer de résoudre ces deux graves questions, ouvrons le préambule de la Constitution de 1848.

ART. 1er.

« La France est constituée en République. En « adoptant cette forme définitive de gouvernement, « *elle s'est proposé pour but* de marcher plus libre- « ment dans la voie du progrès et de la civilisation; « d'assurer une répartition de plus en plus équita- « ble des charges et des avantages de la société, « l'aisance de chacun, par la réduction graduée des « dépenses publiques et des impôts, et de faire par- « venir tous les citoyens, sans nouvelle commotion, « par l'action successive et constante des institu- « tions et des lois, à un degré toujours plus élevé « de moralité, de lumières et de bien-être. »

Certes, jamais thème ne fut plus séduisant, jamais programme ne s'annonça plus pompeux.

Mais si nous jetons un coup-d'œil rétrospectif sur les événements de 1848, nous voyons d'abord la République sortir d'un bouge de conspirateurs émérites. Ces émeutiers de la veille, devenus les héros du lendemain, ont promulgué la République au hasard, sans que la Nation fût appelée à se prononcer, par un vote libre et régulier, sur un fait si grave, dont les conséquences étaient incalculables.

Lorsque M. de Larochejaquelein demandait compte à M. de Lamartine de la conduite politique des dictateurs improvisés en 1848, M. de Lamartine répondit, au nom du Gouvernement provisoire : « Nous subissions la pression des masses. »

Cette prétendue pression n'a jamais été bien démontrée. Si elle exista un moment, et dans ce cas, l'on sait aujourd'hui de quels éléments ces masses étaient composées, la proclamation de la République fut un acte de nécessité, de prudence peut-être, mais qui n'engageait au nom d'aucun droit l'avenir de la France.

M. de Lamartine a pris soin d'écrire dans un journal dont il est rédacteur-propriétaire-gérant, et qui contient le dépôt de ses remords, cette phrase significative : « Moi, qui ai, le premier, prononcé le mot de *République, je jure* qu'une heure avant, je ne savais pas ce que je dirais. Mais nous vîmes une effrayante diversité de partis, trois ou quatre anarchies menacantes, et, d'*inspiration*, nous proclamâmes la République. »

Ainsi, nous possédons le fruit de l'instinct du moment, le résultat de l'inspiration, de l'intuition d'un grand poëte. Mais, est-ce la république du *droit*, l'expression de la volonté générale?

Évidemment non. C'est une république de *fait*, dont l'épreuve nous a déjà coûté trop cher.

Quoi qu'il en soit, elle s'appuie aujourd'hui sur l'Ordre. A ce titre, nous lui devons le respect ; et si nous n'admettons pas que le mot de la Providence fut nécessairement *République* ; si nous ne souscrivons pas aveuglément à cette pittoresque idée que les révolutions sont les improvisations de Dieu par la bouche des hommes ; si nous refusons, au nom de l'intelligence, de subir, en quelque sorte, le joug de la fatalité; si enfin, nous avons le droit d'affirmer, sans crainte d'erreur, que le sentiment national doit avoir place dans la balance de nos destinées politiques, nous avons hâte aussi de répéter que notre volonté, comme notre devoir, est de n'attendre que du temps et de la sagesse nationale les modifications ou les changements que nous semble réclamer le véritable intérêt de la patrie.

Si donc, la France, qui s'était endormie monarchique, la veille des événements de Février, s'est réveillée républicaine le lendemain, nous faisons comme la France; nous nous serrons autour du drapeau de l'Ordre, pour conjurer les tempêtes à venir.

Seulement, à moins de proclamer que toute liberté a disparu de la terre, qu'écrire l'histoire de son temps est un délit de presse, et que déplorer nos malheurs est un crime de lèse-République, nous croyons qu'il nous est permis de dire que cette République n'a produit que des fruits amers, et ne peut s'implanter sur le sol. Augmentation d'impôts, batailles de rues, complots socialistes, voilà tout ce qu'elle nous a donné. Son nom seul est une épée de Damoclès suspendue sur la tête de la société menacée, de la société qui ne peut résister à l'envahissement des plus immorales et des plus sauvages doctrines qu'en sollicitant sans cesse des lois de compression, qu'en s'entourant de baïonnettes, qu'en se tenant sur un qui-vive perpétuel.

Les esprits les plus confiants pouvaient-ils entrevoir des résultats plus heureux, lorsque Paris voyait, en février 1848, les flibustiers du *National* et de *la Réforme* profiter d'une catastrophe sanglante pour polluer l'Hôtel-de-Ville et les palais? Nous connaissons leurs basses œuvres, et leurs orgies dont la France a payé les frais, de ses deniers et de son sang. Les plus scandaleuses révélations ont trop appris à l'Europe civilisée que les générateurs du nouveau monde promis aux badauds des faubourgs ne s'épargnaient, au nom du peuple *souverain*, ni les galas ni la luxure. Rien ne fut au-dessous des aspirations sensualistes de ces pirates politiques, et si les murs pouvaient parler, que d'étranges confessions nous seraient faites! Le champagne et les truffes, payés par les caisses de l'État aux restaurateurs du sans-culottisme, n'ont pourtant chatouillé que les gosiers privilégiés des marquis de la liberté. Mais qu'importe! Le peuple *héroïque*, le *brave* peuple qui avait préparé à ses nouveaux maîtres de si piquants loisirs, jouissait *par procuration*, et tout n'était-il pas pour le mieux, dans la meilleure des républiques possibles, lorsque les souverains du *lendemain* se gobergeaient au compte de la nation, avec les vestales de Saint-Lazare.

Les cuisines et la cave de M. de Rambuteau se sont fondues au creuset de ces noces de Gamache, où la crémaillère était pendue, jour et nuit, pour la plus grande indigestion possible des affamés de la veille, devenus les gloutons du nouvel ordre de choses. Demandez à ces messieurs ce que coûtent les caprices de Balthazar? Il est vrai que la France a soldé la carte; mais pouvait-elle moins faire pour de si grands citoyens?

En vertu de la *Liberté*, les fricoteurs de l'Hôtel-de-Ville ont gaspillé jusqu'à l'argent que les ouvriers apportaient chaque jour en offrande à la république. On a fumé pour mille francs de cigares par semaine, on a mis en réquisition tous les magasins de comestibles, et laissé à la charge du trésor municipal, sous le titre ambitieux de *Services publics*, toutes les fantaisies gastronomiques, qui commençaient par des côtelettes à la purée d'ananas, pour finir, on n'ose dire par quoi!.. au bruit des sérénades arrosées du plus fin Médoc.

Au nom de l'*Égalité*, on gobelottait royalement, à la santé des dupes et des pauvres, qui criaient : Vive la République.... faute de mieux !

Au nom de la *Fraternité*, on faisait distribuer, le soir, les os et les bribes des festins, aux ventres creux qui rôdaient aux abords du palais populaire.

Qui donc eût osé se plaindre?...

Ah ! si nous voulions nous traîner aussi dans l'immonde sentine des révélations scandaleuses ; si nous voulions appliquer aussi sur certains noms et certains visages les stigmates de la honte que ces hommes ont déversée sur la France, nous pourrions nous donner large carrière. Les annales impudiques de l'Hôtel-de-Ville, des Ministères et du Luxembourg, sous le règne des Satrapes de la révolution de février, seraient une mine féconde pour défrayer la curiosité publique ! On a parlé de la corruption des satisfaits sous le règne déchu ; que ne dira-t-on pas, quelque jour, de la corruption des soi-disant républicains qui leur ont succédé !

Mais aujourd'hui que, pour couronner les saturnales d'hier, tous les graves intérêts sociaux sont courbés sur une ruine imminente ; aujourd'hui que nous sommes contraints par les malheurs publics à proclamer devant tous, à haute voix, le danger de mort qui pèse sur notre patrie, notre devoir est de laisser dans la nuit de leurs vices les hommes qui ont traîné notre honneur dans la fange révolutionnaire, et dont les passions inassouvies couvent encore, dans l'ombre, les projets les plus désastreux.

La France a si bien compris qu'elle marchait aux abîmes, que, par son vote du 10 décembre, elle a protesté solennellement contre les proconsulats renouvelés de 93, et réuni toutes ses voix sur un prince, au lieu de choisir un de ces simples citoyens qui se proposaient de la Robespierriser tout doucement. Or, en faisant choix d'un *prince* pour chef du pouvoir exécutif, elle a en même temps formulé ses aspirations monarchiques, et cassé aux gages tous les Washington des clubs. Elle a déclaré que l'article Ier de la Constitution ne contenait qu'une magnifique utopie, et qu'elle n'entendait livrer ses destinées à l'épreuve républicaine que sous bénéfice d'inventaire.

Mais, dans deux ans, qu'arrivera-t-il?

Aux termes de la Constitution, le président de la république ne peut être réélu qu'après quatre ans d'intervalle.

La Constitution sera-t-elle révisée?

Plus l'opinion publique se fortifie et s'éclaire, plus cette révision paraît incontestable.

Le pays a besoin de stabilité, de sécurité, de progrès. Il ne peut livrer, tous les quatre ans, son avenir aux chances de nouvelles agitations. Il veut la liberté; mais la liberté dans l'ordre et par l'ordre.

Tous les sycophantes révolutionnaires sont usés.

Les républicains de toutes les écoles ont eu beau jeu après février 1848; ils possédaient sans obstacle le moyen de réduire au silence les partisans du principe monarchique : c'était de prouver que la république vaut mieux que la royauté constitutionnelle.

Ils ont prouvé le contraire : est-ce la faute de la France ?

Ressuscitez nos grandes traditions historiques. Comparez la marche de la civilisation pendant les époques monarchiques, avec les effroyables cataclysmes qui ont signalé le règne de la prétendue souveraineté du peuple. Rappelez-vous cette période de 1789 à 1800, à la suite de laquelle nous aurions peut-être disparu comme nation, si un génie supérieur n'était venu substituer sa volonté aux expérimentations homicides des factions démagogiques sans cesse renaissantes. Voyez à quel degré d'impuissance et d'avilissement le gouvernement de Louis-Philippe était descendu, parce qu'il n'avait pour base que les scories révolutionnaires. Observez ensuite, d'un œil impartial, la succession des faits et des idées depuis le bouleversement de 1848 ; vous reconnaîtrez que si, malgré nos efforts et nos luttes contre les tendances subversives de toute espèce, nous ne sommes pas encore tombés dans le gouffre de l'anarchie, cela tient à ce que, par un reste d'habitude, les répulsions de l'esprit national ont successivement chassé les révolutionnaires de toutes les fonctions politiques.

Et que deviendrions-nous, si, par d'habiles manœuvres, ou par une de ces fatalités qui brisent les nations en décadence, les hommes que la France a honnis, condamnés ou chassés, reprenaient tout-à-coup le pouvoir? Est-il besoin de rappeler la mémoire des comités de salut public et des tribunaux révolutionnaires d'une autre époque, pour faire comprendre aux plus naïfs adeptes de l'évangile selon saint Ledru-Rollin, saint Proudhon, saint Raspail, saint Blanqui, saint Considérant, saint Pierre Leroux, saint Cabet, saint Louis-Blanc, saint Caussidière et autres saints du calendrier des sans-culottes, par quels moyens ces bons apôtres sépareraient l'*ivraie* du *bon grain*, dans le champ de la fraternité démocratique et *sociale?*.....

Pénétrons-nous une bonne fois de cette vérité, que la plupart des hommes politiques ne désirent, ne prêchent ou ne repoussent tel ou tel régime que dans l'espoir d'y faire mieux leurs affaires personnelles, et d'y trouver la satisfaction de leur amour-propre, de leurs instincts, de leurs passions. Pour eux, la première chose est d'arriver; la seconde de se maintenir. Il y a de ces hommes dans tous les partis; mais les plus dangereux sont ceux qui prennent pour auxiliaire la sensualité ravageuse des basses classes de la société.

Il est temps d'en finir avec les révolutions.

Une grande nation ne peut se condamner à vivre sans abri, à la merci des tempêtes et des complots.

La France veut être représentée, à la tête de l'Europe, par un grand principe et par un grand nom.

Ce principe, c'est la stabilité, la permanence, la perpétuité du pouvoir.

Ce nom, c'est celui qu'il appartient à la volonté

nationale de choisir et de proclamer, parmi tous ceux que son immortelle histoire lui recommande.

Puisqu'aux termes de la Constitution de la République, le peuple est *souverain*, il lui appartient de décider si le régime dont il fait l'épreuve est l'infaillible panacée politique et sociale. Et s'il reconnaît que le but qu'il s'est *proposé*, loin d'être atteint, recule insensiblement jusque vers le chaos ; s'il s'avoue à lui-même que les 45 centimes extorqués par les fondateurs de la république ne sont pas une réduction d'impôts, que les émeutes de mai et de juin 1848, que les déportations en masse et sans jugement, que le complot du 13 juin 1849, que les hurlements des Montagnards à l'Assemblée nationale ne le conduisent pas *à un degré toujours plus élevé de moralité, de lumières, et de bien-être*, il ne lui reste qu'à user de sa souveraineté en formulant le vœu de voir cesser une comédie dont il n'est que le comparse, en attendant qu'il en soit la victime.

Comme l'a si bien dit un de nos plus illustres publicistes, la politique est la manifestation des lois fondamentales qui régissent une société. Ceux qui veulent que la raison humaine soit le juge souverain de ces lois, qu'elle puisse non-seulement en diriger l'application suivant les besoins et les changements opérés par les siècles, mais les révoquer et en établir d'autres, ceux-là veulent que la raison humaine soit plus forte que la nature des choses et plus sage que Dieu. Cette prétendue souveraineté ressemble à celle que le suicide usurpe sur lui-même en disposant de sa vie. Sans doute, l'homme qui se précipite dans un abîme a la faculté de mépriser ou de méconnaître les lois de la pesanteur qui entraînent avec une rapidité destructive les corps qui ne reposent plus sur une base solide. Mais cette faculté n'est pas un droit; celui qui en abuse fait un usage criminel ou aveugle de sa liberté, et détruit son existence. Il en est de même des sociétés qui violent les lois constituantes de leur être, en vertu d'une sentence orgueilleuse prononcée par leur raison. Elles ont la faculté de le faire, mais elles n'en ont pas le droit; et quand elles abusent de cette faculté, elles en sont cruellement punies. L'enfer des peuples, on l'a dit avec raison, est de ce monde, et les sociétés, n'étant pas immortelles, comme les individus, souffrent ici-bas la peine de leurs fautes; leurs erreurs et leurs crimes (on ne l'a que trop bien vu par la Révolution) deviennent leurs bourreaux. Les sociétés sont libres, mais elles ne sont pas indépendantes. Les principes généraux qui ont présidé à leur naissance, dominé leur formation et leurs développements, sont les lois de leur être; les lois des êtres sont les volontés de Dieu. Une société n'est pas un anneau jeté dans le temps, c'est une chaîne dont chaque génération n'est qu'un anneau. Appartient-il à l'anneau de rompre la chaîne? Le présent, comme un héritier prodigue, est-il libre de déshériter l'avenir de ce qu'il a reçu du passé?

La violation du principe monarchique, principe

générateur de la société française; la substitution de l'utopie politique à la tradition de quatorze siècles, tel est le fruit unique et stérile de nos révolutions. Les deux Constituantes, à soixante années de distance, ont oublié que l'unité est despotique en Russie, aristocratique en Angleterre, monarchique en France. Elles ont toutes deux méconnu les leçons de l'histoire qui nous montre la France aidant, de toutes ses forces, la royauté à combattre et à vaincre l'opposition féodale. Elles n'ont pas mieux compris que l'unité démocratique n'est pas réalisable chez une nation placée entre la Manche anglaise, les Alpes autrichiennes, les Pyrénées espagnoles, le Rhin prussien. Elles oublièrent de s'agenouiller sur le tombeau de la Pologne, pour méditer sur les périls dont les bouillonnements de la démocratie comme les déchirements d'une féodalité militaire entourent les nationalités. Lorsqu'on songe aux difficultés inouïes que la Convention rencontra, quand il fallut empêcher le Midi de se séparer du Nord, pendant la crise de 93 à 95; aux ressorts d'extermination qu'elle fit jouer, aux crimes de toute sorte qu'elle commit, parce qu'il n'y avait plus que la terreur qui pût la faire triompher; lorsqu'on voit enfin ce grand corps politique, tant vanté par les historiens fatalistes, outrager par décrets la moralité, la justice, le caractère national, épuiser nos finances et dévorer la France jusqu'à l'âme; lorsqu'on se rappelle combien peu il s'en fallut que pour expiation de cette sanglante orgie, nos pères nepérissent sous les vengeances de l'Europe, on est forcé de reconnaître tout ce qu'il y eut d'imprudent et de coupable à vouloir dépouiller la France du grand principe de l'unité monarchique, œuvre laborieuse et féconde de quatorze siècles de progrès, base nécessaire de la grandeur nationale, nerf de notre action, sauve garde tutélaire de notre territoire.

La République de 1789 naquit les pieds dans le sang.

Celle de 1848 eut pour berceau les saturnales de l'Hôtel-de-Ville.

La première s'est abîmée dans le meurtre.

La seconde se meurt d'impuissance et de stérilité.

Les esprits honnêtes reconnaissent que l'utopie républicaine, c'est l'introduction du matérialisme dans la société; que la monarchie, appuyée sur le vœu national, c'est l'intelligence dans la politique, c'est la grandeur dans l'histoire.

Il faut choisir entre ces deux avenirs.

Mais quand l'heure sera venue de prononcer sur cette question de vie ou de mort sociale, quel sera l'arbitre suprême du procès qui s'agite encore, entre la révolution faite au profit de quelques hommes et la grande armée des intérêts généraux?

Cet arbitre, c'est la Nation elle-même, usant de sa souveraine volonté pour fermer l'ère des troubles et remettre à l'attache les minorités turbulentes,

Quel signe de ralliement placera-t-elle sur le drapeau de l'avenir ?

Est-ce l'abeille impériale écrasée sous nos désastres ?

Est-ce le lys qui fleurit dans l'exil?

Le 28 septembre 1840, après l'affaire de Boulogne, l'héritier d'un nom couronné par la Révolution s'exprimait ainsi devant la chambre des Pairs : « Gardez-vous de croire que, me laissant aller aux mouvements d'une ambition personnelle, j'aie voulu tenter en France une restauration impériale. J'ai cru que si, au sein du congrès national que je voulais convoquer, quelques prétentions pouvaient se faire entendre, j'aurais le droit d'y réveiller les souvenirs éclatants de l'Empire, et de placer, en face de la France d'aujourd'hui affaiblie, la France d'alors, si forte au-dedans, au-dehors si puissante et si respectée. La Nation eût répondu : RÉPUBLIQUE ou MONARCHIE, EMPIRE ou ROYAUTÉ. De sa LIBRE DÉCISION dépend LA FIN DE NOS MAUX, le terme de nos dissensions. »

—« L'avenir est entre les mains de Dieu, » écrivait, en 1844, le dernier enfant d'une race illustre et proscrite. « Mais quoi qu'il arrive, la France aujourd'hui sait que, si l'on peut me forcer de vivre « loin d'elle, on ne peut pas m'empêcher de penser « à son bonheur, et que, le jour où il me serait « donné de lui être utile, elle pourrait compter sur « moi. »

Dieu parlera, en 1852, par la voix de la France.

Deux issues sont ouvertes pour sortir du labyrinthe révolutionnaire dans lequel nous errons depuis février 1848 : l'empire, moins ses grandeurs évanouies, ou la royauté, moins le despotisme.

L'empire, sans les gloires militaires que ce mot rappelle, ne serait qu'une parodie ambitieusement puérile. L'autocratie du sabre pourrait renaître un moment derrière les troubles civils ; mais, dans un pays comme la France, elle n'a pas d'avenir.

La royauté, représentation permanente des grands intérêts de la nation, gardienne héréditaire d'une constitution votée par le suffrage universel, protectrice de tous les citoyens devant le droit commun ; la royauté, principe conservateur de l'ordre politique, fonctionnant avec une assemblée librement élue, principe générateur du progrès social, peut seule éteindre la fermentation des partis qui nous divisent et des sectes qui nous menacent.

Mais il est nécessaire que la France complète jusqu'au bout l'épreuve de la République. Il lui faut peut-être traverser de nouveaux orages, avant qu'elle retrouve la vérité politique, debout et lumineuse, à l'horizon de l'avenir.

Nous ne prêchons point l'appel au peuple, car ce serait faire appel aux passions ; mais nous croyons que, par la seule force des choses, le pays sera ramené tôt ou tard à la restauration du principe monarchique.

Le girondin Vergniaud disait : « Le peuple français reviendra à ses rois, comme l'enfant revient à ses hochets. Nous nous sommes crus à Rome, et nous étions à Paris. »

Le montagnard Danton disait à son tour : « La France n'aime pas la république. Elle a les habitudes, les besoins de la monarchie. Après nos orages, elle y sera ramenée par ses vices ou ses nécessités. »

Nous, qui avons vu de près les apôtres et les disciples de la nouvelle Montagne, nous demandons à Dieu et au bon sens national le salut de la France.

FIN.

www.ingramcontent.com/pod-product-compliance
Ingram Content Group UK Ltd.
Pitfield, Milton Keynes, MK11 3LW, UK
UKHW031921260826
14628UKWH00003B/1339

9 782012 981263